财政部规划教材
全国职业院校财经类教材

会计综合实训

（第四版）

主编　席海燕　宋茜

中国财经出版传媒集团
中国财政经济出版社

图书在版编目（CIP）数据

会计综合实训/席海燕，宋茜主编．—4版．—北京：中国财政经济出版社，2021.11（2025.1重印）
财政部规划教材　全国职业院校财经类教材
ISBN 978-7-5223-0869-2

Ⅰ．①会… Ⅱ．①席… ②宋… Ⅲ．①会计学-高等职业教育-教材 Ⅳ．①F230

中国版本图书馆CIP数据核字（2021）第215929号

责任编辑：张　铮　　　责任印制：张　健
封面设计：育林华夏

中国财政经济出版社 出版
URL：http://www.cfeph.cn
E-mail：cfeph@cfeph.cn
（版权所有　翻印必究）
社址：北京市海淀区阜成路甲28号　邮政编码：100142
营销中心电话：010-88191522
天猫网店：中国财政经济出版社旗舰店
网址：https://zgczjjcbs.tmall.com
北京密兴印刷有限公司印刷　各地新华书店经销
成品尺寸：185mm×260mm　16开　23印张　574 000字
2021年11月第4版　2025年1月第2次印刷
定价：58.00元
ISBN 978-7-5223-0869-2
（图书出现印装问题，本社负责调换，电话：010-88190548）
本社质量投诉电话：010-88190744
打击盗版举报热线：010-88191661　QQ：2242791300

再版 前言

本书是财政部规划教材，由财政部教材编审委员会组织编写并审定，作为各类职业学校财经类教材使用。

为全面贯彻《国家教育事业发展"十四五"规划纲要》等文件精神，财政部对中等职业学校的学历教材进行了重点规划。本书依据截至2020年12月31日的法律、法规、政策编写，在编写过程中形式上体现了"仿真性、典型性、时效性"的原则，在内容上力求与现行会计制度、税收法规、银行业务等方面改革接轨，使之更加贴近现实情况，提升各类职业学校学生的认知能力，注重理论在实践中的运用，提高学生的专业素质和动手操作技能，从而使学生对制造业会计核算全过程有一个较系统、完整的认识，达到将会计专业理论与实际操作方法融会贯通的目的。本书不仅可作各类职业学校财经类会计专业及相关专业教材，也可为会计人员上岗培训使用教材。

本书由河南财政金融学院席海燕、河南财政金融学院宋茜担任主编。河南财政金融学院胡天顺、广东省财政职业技术学校黄莉、武汉市财政学校张丽华、河南国网电缆集团有限公司张柯参加了编写与修订；席海燕对全书进行了总编纂并定稿。

本书经财政部教材编审委员会财会专业编审组专家审阅，并提出许多宝贵意见和建议。在编写过程中得到了恒天重工股份有限公司、河南财政金融学院、广东省财政职业技术学校、武汉市财政学校、河南国网电缆集团有限公司、河南青芒财务服务有限公司等单位的大力支持和帮助，在此表示衷心的感谢。

本书配备了实训答案，用书学校任课老师可以电子邮件的形式向中国财政经济出版社索取（请注明：学校、全书名、版次），E-mail：caijingjiaocai@163.com。本书还为任课老师制作了电子课件/教案，如果需要，请登录如下网址下载：http：//jiaocai.cfeph.cn。

由于编写人员水平有限，加之时间仓促，书中如有疏漏和不当之处，敬请指正。

编　者

2021年9月

上　篇

第一部分　手工操作导读 …………………………………………………（ 3 ）
第二部分　开设账户 ………………………………………………………（ 9 ）
第三部分　日常业务处理 …………………………………………………（ 21 ）
第四部分　期末业务处理 …………………………………………………（271）
第五部分　会计报表编制 …………………………………………………（305）

下　篇

第六部分　计算机操作导读 ………………………………………………（317）
第七部分　初始设置 ………………………………………………………（320）
第八部分　日常业务处理 …………………………………………………（343）
第九部分　期末业务处理 …………………………………………………（352）
第十部分　会计报表生成 …………………………………………………（357）

上 篇

第一部分　手工操作导读

一、实　训　目　的

本教材是综合《基础会计》、《财务会计》、《成本会计》等课程内容，以中原纺织机械有限公司 2020 年 12 月份的经济业务为题材进行的系统、仿真的模拟实训。

通过综合实训，可使学生进一步了解工业企业供、产、销各环节的主要业务内容，了解原始凭证的种类、填制、传递及审核方法；掌握记账凭证的编制、账簿的登记、成本的计算、银行存款日记账的核对和银行存款余额调节表的编制，以及会计报表的编制；熟悉资产、负债、所有者权益、收入、费用及利润等会计要素的核算方法。

本实训是在《基础会计》、《财务会计》、《成本会计》等课程学完后进行的，可使学生将所学会计理论知识与会计实践相结合并融会贯通，使学生的操作技能和综合分析能力得到极大的提升，从而缩短走向工作岗位的适应期。

二、实　训　要　求

1. 仔细阅读会计主体设计，了解公司概况，掌握其会计制度设计。
2. 仔细阅读操作程序设计，按操作程序对中原纺织机械有限公司 2020 年 12 月份发生的经济业务进行相应的账务处理。
3. 实训方式。本实训在教师指导下可采用以下方式进行：一是单人独立完成；二是分小组、分岗位协作完成。具体可以分为如下岗位：
（1）会计负责人岗位。全面负责财务部工作，制定本公司财务制度，负责公司资金调度和会计稽核，审查公司财务计划执行情况。
（2）出纳核算岗位。负责办理现金和银行存款收付业务，现金、票据和有价证券保管工作，登记库存现金和银行存款日记账。
（3）工资薪金核算岗位。负责工资薪金核算，包括填制工资薪金核算会计凭证及明细核算。

（4）资产核算岗位。负责资产核算，包括固定资产、无形资产及存货相关业务会计凭证的填制及明细核算。

（5）往来业务核算岗位。负责往来款项核算，包括填制往来业务会计凭证及明细核算。

（6）涉税、财务成果核算岗位。负责涉税、收入、期间费用和利润等业务核算，包括纳税申报、填制相关会计凭证，负责相关明细核算。

（7）成本核算岗位。负责核算成本，包括填制相关会计凭证，负责产品成本明细核算。

（8）会计报表编制岗位。负责登记总账，编制会计报表等。

（9）资金业务核算岗位。负责资金业务核算，包括借款、证券投资业务会计凭证填制及相关明细核算。

需要说明的是：基于实训教学对学生角色规划的需要，让学生尽可能多地参与到不同岗位的训练，我们在岗位规划上做了细分。在实际工作中，财务人员的配备应与该企业经济活动的特点、经营管理的要求、生产规模的大小、经济业务繁简相适应。一般企业规模大、业务多的可按以上岗位设置，企业规模小、业务少的可以将相近岗位合并设置，但应注意不相容职务相分离的原则，本实训采用后者。

4. 实训时间。本实训建议手工操作安排66学时，上机操作安排30学时。

项 目		实训内容	参考学时
上篇	第一、二部分	了解企业概况，掌握会计准则内容，开设账户	8学时
	第三部分	日常经济业务处理	30学时
	第四部分	期末业务处理	20学时
	第五部分	会计报表编制	8学时
	合 计		66学时
下篇	第六部分	计算机操作导读	2学时
	第七部分	初始设置	10学时
	第八部分	日常业务处理	8学时
	第九部分	期末业务处理	4学时
	第十部分	会计报表生成	6学时
	合 计		30学时

5. 实训准备耗材（按每人配置）

名 称	数 量	名 称	数 量
记账凭证（收付转专用凭证或通用凭证）	160张（收付各20张其余为转）	试算平衡表	4张
记账凭证封面	3张	资产负债表	2份
总账账页（本）	40张	利润表	2份
现金日记账账页（本）	2张（或1本）	增值税纳税申报表	2份
银行存款日记账账页（本）	6张（或1本）	企业所得税纳税申报表	2份
三栏式明细账账页	40张	科目汇总表	6张
固定资产明细账账页	5张	标签（折叠式口取纸）	2张

续表

名 称	数 量	名 称	数 量
数量金额式明细账账页	30张	胶水	1瓶
多栏式明细账账页	15张	回形针、计算器、直尺、燕尾夹、红色水笔	若干
基本生产明细账账页	20张	账夹（或账皮）	4付
应交增值税明细账账页	4张	会计科目章、印台	一组1套
多栏式明细账页	10张	财务凭证热熔铆管装订机	一组1台

三、会计主体设计

（一）企业概况

名称：中原纺织机械有限公司

性质：国有控股

地址：郑州市南阳路290号

电话：0371 – 63585788

开户行：工商银行郑州市和平支行

账号：680394184 – 89

税务登记证号：91410105689740506A

法人代表：张军生

中原纺织机械有限公司注册资本为1000万。主要从事成卷机、混棉机、抓棉机等产品的生产。该公司下设机一、机二、铸造、装配四个分厂；机修和动能两个辅助生产车间，并设有材料、自制半成品和产成品三个仓库。其工艺流程如下图所示：

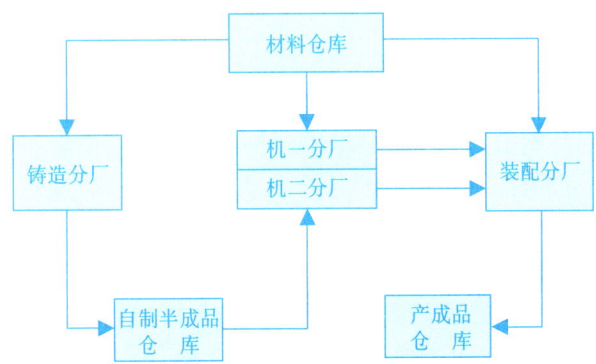

中原纺织机械有限公司下设：总经理办公室、采购部、财务部、销售部、生产部、基本生产车间、辅助生产车间、其他服务部门等组织机构。

财务部共有4人，业务实行集中核算。会计人员岗位分工如下：

李华：（财务部负责人兼稽核岗位）全面负责财务部工作，制定本公司财务制度，负责公司资金调度和会计稽核，审查公司财务计划执行情况。

王静：（出纳岗位）负责现金、银行存款等业务核算。具体包括办理现金和银行存款收付业务，负责现金、票据和有价证券保管工作，登记库存现金和银行存款日记账。

王霏：（综合岗位）负责筹资、投资、往来款项、存货、固定资产和无形资产、职工薪酬、成本核算、涉税、财务成果核算等业务记账凭证的填制及明细核算。

刘鑫：（报表编制岗位）负责编制科目汇总表、登记总账、结账、对账、编制会计报表等工作。

张军生：总经理，被公司股东会授权负责经营及财务活动等方面的审核签字。

（二）公司会计制度设计

1. 记账方法：采用借贷记账法。
2. 会计科目：总账科目，原则上使用财政部统一规定的总账科目，明细账科目，财政、税务、主管部门有规定的按规定使用，没有规定的，公司根据业务情况自行设置。
3. 库存现金限额：60 000 元。
4. 坏账损失采用备抵法核销，坏账准备采用"应收款项余额百分比法"计提，提取比率为3%。
5. 存货（原材料、自制半成品、周转材料、库存商品等）采用实际成本核算，发出存货采用先进先出法计价，周转材料价值的摊销采用一次摊销法。存货采用永续盘存制记账。
6. 辅助生产费用（含辅助生产车间的制造费用）在"辅助生产成本"账户的借方归集，并按辅助生产车间设置明细账。其分配方法，按受益对象采用直接分配法分配。
7. 制造费用（除辅助生产车间的制造费用）在"制造费用"账户的借方归集，并按基本生产车间设置明细账。制造费用按生产工时在本车间不同产品之间进行分配。
8. 产品成本计算采用平行结转分步法，生产费用在完工产品与在产品之间的分配采用约当产量比例法。
9. 固定资产折旧采用年限平均法。
10. 无形资产摊销采用直线法。
11. 工会经费、职工教育经费分别按工资总额的2%、8%的比例计提，养老保险、医疗保险、生育保险、工伤保险、失业保险内容如下：

（1）按规定填写《郑州市社会保险登记表（开户）》、《河南省企业职工建立社会保险关系申报表（批量）》，表中计算社保费的月"缴费基数（元）"按规定填写，本教材以实际工资为基数计算申报缴纳。

（2）社保费先缴后用，2020年12月初缴纳的社保费是以11月的核定基数计算的，12月末计算的社保费"费款所属期起2021－01－01，费款所属期止2021－01－31"。在2021年01月05日后由社保局推送到电子税务局网上，企业网上缴纳。

（3）缴费费率分别如下：

征收品目	缴费费率
职工基本养老保险（个人缴纳）	0.08
职工基本养老保险（单位缴纳）	0.16
失业保险（个人缴纳）	0.003
失业保险（单位缴纳）	0.007
工伤保险	0.004
职工基本医疗保险（个人缴纳）	0.02
职工基本医疗保险（单位缴纳）	0.06
生育保险	0.01

12. 长期股权投资，按成本法核算。

13. 税费的计算。

（1）增值税：本公司为增值税一般纳税人，按增值税一般纳税人的有关规定计算缴纳。

（2）城市维护建设税：按应交增值税的7%计算缴纳。

（3）教育费附加：按应交增值税的3%计算缴纳。

（4）地方教育费附加：按应交增值税的2%计算缴纳。

（5）企业所得税：按应纳税所得额的25%计算缴纳。税法规定按季预缴，年终汇算清缴，结合年度实际税收政策，按最新政策计算。本实训为方便起见，假定1~11月所得税已预缴。

14. 利润分配比例。

一般盈余公积金：按净利润的10%计提。

公益金：按净利润的5%计提。

向投资者分配利润：经股东会审议批准，计提公积金后所剩利润按70%以投资者的出资比例分配。

（三）账簿组织程序设计

1. 记账凭证组织：公司采用科目汇总表核算形式，因此，其记账凭证组织采用收付转专用凭证或通用记账凭证和科目汇总表等。凭证编号按实训业务的顺序编号，一笔业务如需填制多张记账凭证时，采用分数编号法。

2. 账簿组织：企业设置总账、日记账、明细账、备查账。总账、日记账、往来款项、负债类账户、所有者权益类账户等明细账采用三栏式账页，存货类、固定资产等采用数量金额式明细账，应交增值税明细账采用增值税一般纳税人专用格式的多栏式明细账，基本生产成本、制造费用、管理费用、销售费用、财务费用等明细账采用多栏式明细账。

四、操作程序设计

1. 根据中原纺织机械有限公司 2020 年 11 月 30 日各总分类账及明细账的余额,开设账户。根据各账户所反映的经济内容,选择不同格式的账簿,并登记期初余额。没有期初余额的账户,在经济业务发生时陆续开设。
2. 根据原始凭证及原始凭证汇总表,填制记账凭证并进行审核。
3. 根据审核无误的记账凭证,逐笔登记现金日记账、银行存款日记账和其他明细分类账。
4. 根据记账凭证按半月进行汇总(实际工作中按旬或按月汇总),编制科目汇总表,并据以登记有关的总分类账。
5. 月末采用平行结转分步法计算完工产品的生产成本,其中辅助生产车间的费用采用直接分配法,各车间的制造费用按生产工时比例进行分配。
6. 该公司采用"账结法"计算每月利润总额和净利润,年终对全年净利润进行分配,并结清除"未分配利润"以外的所有"利润分配"的明细账户。
7. 对账和结账。
8. 根据有关资料编制纳税申报表、资产负债表、利润表、利润分配表和现金流量表。
9. 根据有关资料计算财务指标,并对报表进行简要的分析说明。
10. 整理和装订会计资料。

提示:每进行一步操作,指导教师应先讲清楚本步骤的任务、目的和要求,使学生明确后再具体操作实验。

第二部分 开设账户

知识链接

启用账簿时，须在账簿首页右上角空白处粘贴印花税票，并将每枚税票划对角线或居中横向划两条直线以示注销（避免重复使用）。自2018年5月1日起，对按万分之五税率贴花的资金账簿减半征收印花税，对按件贴花的其他账簿免征印花税。记载资金的账簿，其印花税应根据"实收资本"与"资本公积"的合计金额按万分之五的比例减半计算购买印花税票后粘贴，当应纳税额小于或等于500元时，购买并一次贴足印花税票（通常贴在"实收资本"与"资本公积"账页右上角空白处），每枚税票都要注销；当应纳税额超过500元时，应向当地税务机关申请填写缴款书或完税证，将其中一联粘贴在凭证上或由税务机关在凭证上加注完税标记代替贴花。需注意，第一次按资金全额计算缴纳粘贴，以后按年度增加部分计算缴纳粘贴。

在实际工作中，建立新账应在每年年初进行。根据各账户所反映的经济内容，选择不同格式的账簿，并登记期初余额。没有期初余额的账户，在实际经济业务发生时陆续开设。

本实训以11月末总账、明细账资料开设账户并登记期初余额，对于固定资产账户不再设置固定资产明细账（卡片式），只开设总账和二级账户。

说明：按数字的正确写法，未印有金额位数的，没有角分的应写成".00"，本教材为节省篇幅，整数位后的".00"省略。

一、账户期初资料

中原纺织机械有限公司2020年11月末总账、明细账余额如表1至表7所示。

表1　　　　　　　　　　　　　十一月末账户余额表

总账账户	二级账户	明细账户	借方余额		贷方余额	
			总账	明细账	总账	明细账
库存现金			56 700			

续表

总账账户	二级账户	明细账户	借方余额		贷方余额	
			总账	明细账	总账	明细账
银行存款			2 227 830.51			
交易性金融资产	宇通股份		693 900			
应收票据			216 450			
	黄河棉纺有限公司			216 450		
	金水棉纺有限公司			0		
应收账款			447 846			
	市机械修理有限公司			321		
	五一棉纺有限公司			231 075		
	金水棉纺有限公司			216 450		
坏账准备					24 097.20	
其他应收款			2 000			
	备用金	吴清源		2 000		
原材料			470 581.60			
	原料及主要材料			158 550		
	辅助材料			4 931.60		
	外购配件			201 470		
	燃料			105 630		
周转材料			73 920			
	专用工具			12 750		
	包装箱			43 170		
	劳保用品			18 000		
自制半成品			276 000			
	铁坯件			250 000		
	铝坯件			26 000		
库存商品			3 258 000			
	成卷机			1 630 000		
	混棉机			1 628 000		
生产成本			2 221 428.67			
	机一分厂			809 741.74		
	机二分厂			657 290.26		
	装配分厂			754 396.67		
债权投资			1 200 000			
	成本	电力债券		1 100 000		
	应计利息			100 000		
固定资产			4 841 000			
	房屋			1 648 000		
	机器设备			2 568 000		

续表

总账账户	二级账户	明细账户	借方余额		贷方余额	
			总账	明细账	总账	明细账
		其他	625 000			
累计折旧					762 152	
在建工程			55 640			
	建筑工程			55 640		
无形资产			196 300			
	专有技术			196 300		
累计摊销					39 260	
短期借款					620 600	
	流动资金借款					620 600
应付票据					21 400	
	市物资供应公司					21 400
应付账款					536 242.19	
	郑州市供电公司					38 034.19
	武汉钢铁有限公司					331 110
	郑州市自来水公司					55 948
	舞阳钢铁有限公司					111 150
应付职工薪酬					701 526.40	
	工资、奖金、津贴及补贴					
	职工福利费					506 274
	工会经费和职工教育经费	工会经费				20 865
	工会经费和职工教育经费	职工教育经费				14 056
	设定提存计划	养老保险				101 543.22
		失业保险				6 413.26
	社会保险费	工伤保险				5 344.38
		医疗保险				42 755.04
		生育保险				4 275.50
应交税费			64 115.04			
	应交增值税					
	未交增值税					42 000
	应交所得税					12 000

续表

总账账户	二级账户	明细账户	借方余额		贷方余额	
			总账	明细账	总账	明细账
	应交城市维护建设税					2 940
	应交教育费附加					1260
	应交地方教育费附加					840
	应交印花税					1 475.04
	应交环境保护税					3 600
其他应付款					65 735.87	
	社会保险费	企业职工基本养老保险个人负担部分				42 755.04
		基本医疗保险个人负担部分				21 377.52
		失业保险个人负担部分				1 603.31
长期借款					1 810 000	
	固定资产投资借款					1 810 000
实收资本					5 300 000	
	国家资本金					3 500 000
	中南棉纺机械有限公司					1 800 000
盈余公积					1 800 000	
	一般盈余公积					1 200 000
	公益金					600 000
本年利润					3 176 068.08	
资本公积	其他资本公积				890 700	
利润分配	未分配利润				425 700	
合 计			16 237 596.78		16 237 596.78	

注:"本年利润"3 176 068.08元,为1—11月已提所得税后的净利润。1—11月累计实现营业收入15 585 501.78元,营业成本11 350 744.34元,利润总额4 234 757.44元,累计已提所得税1 058 689.36元。

表2　　　　　　　　　　　十一月末库存原材料结存表

材料类别、品种		计量单位	数量	单价	金额
主要材料	铝锭	吨	3	11 000	33 000
	生铁	吨	30	3 000	90 000
	不锈钢板	吨	1	19 000	19 000
	角钢	吨	3	3 250	9 750
	圆钢	吨	2	3 400	6 800
	小　计				158 550
辅助材料	油漆	公斤	160	12.50	2 000
	消耗材料	公斤	60	15	900
	包装材料	件	5	286.18	1 430.90
	修理用备件	个	10	60.07	600.70
	小　计				4 931.60
外购配件	电子元器件	件	10	8 927	89 270
	标准件	件	200	200	40 000
	液压件	件	100	722	72 200
	小　计				201 470
燃料	木材	立方米	6	1 450	8 700
	柴油	每升	155	6	930
	焦炭	吨	10	3 000	30 000
	煤	吨	110	600	66 000
	小　计				105 630
合　计					470 581.60

表3　　　　　　　　　　　十一月末在产品成本表

成本项目 车间、产品类别		数量（台）	直接材料	直接人工	制造费用	合　计
机一分厂	成卷机	9	365 703.70	41 794.70	48 760.49	456 258.89
	混棉机	13	283 325.95	32 380.10	37 776.80	353 482.85
	小　计		649 029.65	74 174.80	86 537.29	809 741.74
机二分厂	成卷机	10	261 216.90	29 853.36	34 828.92	325 899.18
	混棉机	13	265 618.98	30 356.36	35 415.74	331 391.08
	小　计		526 835.88	60 209.72	70 244.66	657 290.26

续表

成本项目 车间、产品类别		数量（台）	直接材料	直接人工	制造费用	合　计
装配分厂	成卷机	3	417 947.10			417 947.10
	混棉机	2	336 449.57			336 449.57
	小　计		754 396.67			754 396.67
合　计			1 930 262.20	134 384.52	156 781.95	2 221 428.67

表4　　　　　　　　　　十一月末库存自制半成品结存表

名　称	计量单位	数　量	实际单位成本	金　额
铁坯件	吨	40	6 250	250 000
铝坯件	吨	4	6 500	26 000
合　计				276 000

表5　　　　　　　　　　十一月末库存周转材料结存表

名　称	计量单位	数　量	实际单位成本	金　额
专业工具	件	50	255	12 750
包装箱	个	1 439	30	43 170
劳保用品	件	300	60	18 000
合　计				73 920

表6　　　　　　　　　　十一月末库存商品结存表

名　称	计量单位	数　量	实际单位成本	金　额
成卷机	台	10	163 000	1 630 000
混棉机	台	11	148 000	1 628 000
合　计				3 258 000

表7 固定资产分类汇总表

代码	名称	类别	使用部门	使用情况	入账日期	增加方式	折旧方法	预计使用期限（工作量）	原值	累计折旧	预计净残值4%	用于折旧计算的预计使用期间总量（工作量）	月折旧额	分类折旧率%
2010101	标准车间	房屋及建筑物	铸造分厂	使用中	2008-12-1	购入	平均年限法	480	150 000	6 900	6 000	480	300	0.2
2010102	行政办公楼	房屋及建筑物	总经理办公室	使用中	2008-12-1	购入	平均年限法	480	500 000	23 000	20 000	480	1 000	
2010103	机一厂房	房屋及建筑物	机一分厂	使用中	2008-12-1	购入	平均年限法	480	240 000	11 040	9 600	480	480	
2010104	机二厂房	房屋及建筑物	机二分厂	使用中	2008-12-1	购入	平均年限法	480	300 000	13 800	12 000	480	600	
2010105	装配厂房	房屋及建筑物	装配分厂	使用中	2008-12-1	购入	平均年限法	480	150 000	6 900	6 000	480	300	
2010106	机修车间	房屋及建筑物	机修分厂	使用中	2008-12-1	购入	平均年限法	480	100 000	4 600	4 000	480	200	
2010107	动能车间	房屋及建筑物	动能分厂	使用中	2008-12-1	购入	平均年限法	480	108 000	4 968	4 320	480	216	
2010108	办公楼	房屋及建筑物	总经理办公室	使用中	2015-12-1	自建	平均年限法	480	100000	11800	4000	480	200	
2010201	铸铁平板	机器设备	铸造分厂	使用中	2008-12-1	购入	平均年限法	120	234 000	43 056	9 360	120	1 872	0.8
2010202	摇臂钻床	机器设备	机一分厂	使用中	2008-12-1	购入	平均年限法	120	297 000	54 648	11 880	120	2 376	
2010203	镗床	机器设备	机一分厂	使用中	2008-12-1	购入	平均年限法	120	228 000	41 952	9 120	120	1 824	
2010204	卧式镗铣床	机器设备	机一分厂	使用中	2008-12-1	购入	平均年限法	120	186 000	34 224	7 440	120	1 488	
2010205	开式可倾压力机	机器设备	机二分厂	使用中	2008-12-1	购入	平均年限法	120	123 000	22 632	4 920	120	984	
2010206	震动剪床	机器设备	机二分厂	使用中	2008-12-1	购入	平均年限法	120	225 000	41 400	9 000	120	1 800	
2010207	切料机	机器设备	机二分厂	使用中	2008-12-1	购入	平均年限法	120	174 000	32 016	6 960	120	1 392	
2010208	液压冲剪机	机器设备	机二分厂	使用中	2008-12-1	购入	平均年限法	120	180 000	33 120	7 200	120	1 440	
2010209	低压开关板	机器设备	动能分厂	使用中	2008-12-1	购入	平均年限法	120	75 000	13 800	3 000	120	600	
2010210	电容柜	机器设备	动能分厂	使用中	2008-12-1	购入	平均年限法	120	378 000	69 552	15 120	120	3 024	
2010211	单梁行车	机器设备	装配分厂	使用中	2008-12-1	购入	平均年限法	120	60 000	11 040	2 400	120	480	
2010212	单梁悬挂吊	机器设备	装配分厂	使用中	2008-12-1	购入	平均年限法	120	75 000	13 800	3 000	120	600	
2010213	电动悬挂起重机	机器设备	装配分厂	使用中	2008-12-1	购入	平均年限法	120	138 000	25 392	5 520	120	1 104	
2010214	10T行车	机器设备	装配分厂	使用中	2008-12-1	购入	平均年限法	120	126 000	23 184	5 040	120	1 008	
2010215	单梁行车	机器设备	机修分厂	使用中	2008-12-1	购入	平均年限法	60	39 000	14 352	1 560	60	624	1.6
2010216	双梁起重机	机器设备	机修分厂	使用中	2008-12-1	购入	平均年限法	60	30 000	11 040	1 200	60	480	
2010301	传真机	办公设备	总经理办公室	使用中	2008-12-1	购入	平均年限法	60	30 000	11 040	1 200	60	480	1.6
2010302	复印机	办公设备	总经理办公室	使用中	2008-12-1	购入	平均年限法	60	75 000	27 600	3 000	60	1 200	
2010303	计算机	办公设备	总经理办公室	使用中	2008-12-1	购入	平均年限法	60	174 000	64 032	6 960	60	2 784	
2010304	笔记本电脑	办公设备	总经理办公室	使用中	2008-12-1	购入	平均年限法	60	150 000	55 200	6 000	60	2 400	
2010401	小轿车	运输设备	总经理办公室	使用中	2008-12-1	购入	平均年限法	120	196 000	36 064	7 840	120	1 568	0.8
合计									4 841 000	762 152	193 640		32 824	

二、开 设 账 户

本实训期初开设如下账户（表8）：

表 8

总账账户	二级账户	明细分类账户	账簿种类	备 注
库存现金			订本三栏式	
		库存现金日记账	订本三栏式日记账	
银行存款	按开户行设明细		订本三栏式	
		银行存款日记账	订本三栏式日记账	
其他货币资金	微信			
交易性金融资产	按类别设明细		订本三栏式	
应收票据			订本三栏式	
	黄河棉纺有限公司		活页三栏式	
	金水棉纺有限公司		活页三栏式	
应收账款			订本三栏式	
	市机械修理有限公司		活页三栏式	
	五一棉纺有限公司		活页三栏式	
	金水棉纺有限公司		活页三栏式	
坏账准备			订本三栏式	不进行明细核算
其他应收款			订本三栏式	
	备用金	吴清源	活页三栏式	
原材料			订本三栏式	
	原料及主要材料	铝锭	活页数量金额式	
		生铁	活页数量金额式	
		不锈钢板	活页数量金额式	
		角钢	活页数量金额式	
		圆钢	活页数量金额式	
	辅助材料	油漆	活页数量金额式	
		消耗材料	活页数量金额式	
		包装材料	活页数量金额式	
		修理用备件	活页数量金额式	
	外购配件	电器元件	活页数量金额式	
		标准件	活页数量金额式	
		液压件	活页数量金额式	

续表

总账账户	二级账户	明细分类账户	账簿种类	备注
	燃料	木材	活页数量金额式	
		柴油	活页数量金额式	
		焦炭	活页数量金额式	
		煤	活页数量金额式	
周转材料			订本三栏式	
	专用工具		活页数量金额式	
	包装箱		活页数量金额式	
	劳保用品		活页数量金额式	
自制半成品			订本三栏式	
	铁坯件		活页数量金额式	
	铝坯件		活页数量金额式	
库存商品			订本三栏式	
	成卷机		活页数量金额式	
	混棉机		活页数量金额式	
生产成本			订本三栏式	
	机一分厂	成卷机	活页多栏式	
		混棉机	活页多栏式	
	机二分厂	成卷机	活页多栏式	
		混棉机	活页多栏式	
	装配分厂	成卷机	活页多栏式	
		混棉机	活页多栏式	
制造费用			订本三栏式	
	机一分厂		活页多栏式	
	机二分厂		活页多栏式	
	装配分厂		活页多栏式	
债权投资			订本三栏式	
	成本	电力债券	活页三栏式	
	应计利息		活页三栏式	
固定资产			订本三栏式	
	房屋		卡片式	
	机器设备		卡片式	
	其他		卡片式	
累计折旧			订本三栏式	不进行明细核算
在建工程			订本三栏式	
	安装工程		活页三栏式	

续表

总账账户	二级账户	明细分类账户	账簿种类	备 注
无形资产			订本三栏式	
	专有技术		活页三栏式	
累计摊销			订本三栏式	不进行明细核算
短期借款			订本三栏式	
	流动资金借款		活页三栏式	
应付票据			订本三栏式	
	市物资供应公司		活页三栏式	
应付账款			订本三栏式	
	郑州市供电公司		活页三栏式	
	武汉钢铁有限公司		活页三栏式	
	郑州市自来水公司		活页三栏式	
	舞阳钢铁有限公司		活页三栏式	
应付职工薪酬			订本三栏式	
	工资、奖金、津贴和补贴		活页三栏式	
	职工福利费		活页三栏式	
	工会经费和职工教育经费	工会经费	活页三栏式	
	工会经费和职工教育经费	职工教育经费	活页三栏式	
	社会保险费	医疗保险	活页三栏式	
		工伤保险	活页三栏式	
		生育保险	活页三栏式	
	设定提存计划	养老保险	活页三栏式	
		失业保险	活页三栏式	
应交税费			订本三栏式	
	应交增值税		活页专用多栏式	
	未交增值税		活页三栏式	
	应交所得税		活页三栏式	
	应交城市维护建设税		活页三栏式	
	教育费附加		活页三栏式	
	地方教育费附加		活页三栏式	
	应交印花税		活页三栏式	
	应交环境保护税		活页三栏式	
其他应付款			订本三栏式	
	社会保险费	基本养老保险	活页三栏式	

续表

总账账户	二级账户	明细分类账户	账簿种类	备 注
		基本医疗保险	活页三栏式	
		失业保险	活页三栏式	
长期借款			订本三栏式	
	固定资产投资借款		活页多栏式	
实收资本			订本三栏式	
	国家资本金		活页三栏式	
	中南棉纺机械有限公司		活页三栏式	
资本公积	按类别设明细		订本三栏式	
盈余公积			订本三栏式	
	一般盈余公积		活页三栏式	
	公益金		活页三栏式	
本年利润			订本三栏式	
利润分配	未分配利润		活页三栏式	
主营业务收入			订本三栏式	
	成卷机		活页三栏式	
	混棉机		活页三栏式	
主营业务成本			订本三栏式	
	成卷机		活页三栏式	
	混棉机		活页三栏式	
其他业务收入			订本三栏式	
	出租房屋		活页三栏式	
其他业务成本			订本三栏式	
	出租房屋		活页三栏式	
投资收益	按收益类别设明细		订本三栏式	
税金及附加			订本三栏式	
营业外收入			订本三栏式	
	按内容设置		活页三栏式	
营业外支出			活页三栏式	
	按内容设置		订本三栏式	
资产减值损失	按损失类别设明细		订本三栏式	
信用减值损失	按损失类别设明细		订本三栏式	
所得税费用			订本三栏式	
管理费用			订本三栏式	
	按费用项目设置		活页多栏式	
销售费用			订本三栏式	

续表

总账账户	二级账户	明细分类账户	账簿种类	备注
	按费用项目设置		活页多栏式	
财务费用			订本三栏式	
	按费用项目设置		活页多栏式	

第三部分　日常业务处理

说明：

本实训原始凭证中的单位、票据编号、业务员等均为虚构，如与其他单位雷同纯属巧合。

在日常业务处理中，为便于实训者操作，我们对部分业务增加了知识链接、业务指导、工作程序。

业务1. 相关原始凭证见表1-1。

表1-1

借　款　单

2020年12月1日

借款部门	销售部	职别	科员	出差人姓名	吴清源
借款事由	联系业务	现金付讫		出差地点	武汉
预借款金额人民币（大写）：		贰仟元整			￥2 000
部门负责人审批意见：同意　孙思奇		主管部门负责人审批意见：同意　张军生			

收款人：吴清源

业务指导： 首先由借款人填写借款单，经主管部门负责人审批签字后，交财务部门负责人审核，最后由出纳员根据借款金额给付现金。

工作程序：

(1) 综合岗位会计王霏审核原始凭证，并根据审核无误的原始凭证填制记账凭证。

(2) 财务负责人李华审核记账凭证。

(3) 会计王霏根据记账凭证登记"其他应收款"明细账。

(4) 出纳员王静根据记账凭证登记"库存现金"日记账。

业务2. 相关原始凭证见表2-1至表2-3。

表 2-1

4100054170

河南增值税专用发票

抵 扣 联

No 00792147

4100054170

00792147

开票日期：2020 年 12 月 1 日

| 购货方 | 名　　　称： 中原纺织机械有限公司
 纳税人识别号： 91410568974050

6A
 地　址、电话： 郑州市南阳路 290 号 63585788
 开户行及账号： 工行和平支行 68039484-89 | 密码区 | 0396852597 ＞ ＜40//2/06＜354＋8519087653
 2075＋＞95－＞89＊774＋＞－＋110＜＊582
 ＜8＊5034545＋5778988882＋243/＋－021
 －＞＊＊＜3501＋01＞303031＋/61＋＜/－63 |
|---|---|---|---|
| 货物或应税劳务、服务名称 | 规格型号 | 单位 | 数量 | 单价 | 金额 | 税率 | 税额 |
| *水*自来水 | | 吨 | 14 200 | 3.94 | 55 948 | 3% | 1 678.44 |
| 合　计 | | | | | ¥55 948 | | ¥1 678.44 |
| 价税合计（大写） | 伍万柒仟陆佰贰拾陆元肆角肆分 | | | | （小写）¥ 57 626.44 | | |
| 销货方 | 名　　　称： 郑州市自来水公司
 纳税人识别号： 91410502793256845B
 地　址、电话： 中原中路 67 号 67680000
 开户行及账号： 工行七一分行 680561793-65 | 备注 | 郑州市自来水公司
 91410502793256845B
 发票专用章 |

收款人：王静　　复核：张振涛　　开票人：王静　　销货单位：（章）

第二联：抵扣联　购买方扣税凭证

表 2-2

4100054170

河南增值税专用发票

发 票 联

No 00792147

4100054170

00792147

开票日期：2020 年 12 月 1 日

| 购货方 | 名　　　称： 中原纺织机械有限公司
 纳税人识别号： 91410568974050

6A
 地　址、电话： 郑州市南阳路 290 号 63585788
 开户行及账号： 工行和平支行 68039484-89 | 密码区 | 0396852597 ＞ ＜40//2/06＜354＋851
 2075＋＞95－＞89＊774＋＞－＋110＜＊58
 ＜8＊5034545＋5778988882＋243/＋－
 －＞＊＊＜3501＋01＞303031＋/61＋＜/－ |
|---|---|---|---|
| 货物或应税劳务、服务名称 | 规格型号 | 单位 | 数量 | 单价 | 金额 | 税率 | 税额 |
| *水*自来水 | | 吨 | 14 200 | 3.94 | 55 948 | 3% | 1 678.44 |
| 合　计 | | | | | ¥55 948 | | ¥1 678.44 |
| 价税合计（大写） | 伍万柒仟陆佰贰拾陆元肆角肆分 | | | | （小写）¥ 57 626.44 | | |
| 销货方 | 名　　　称： 郑州市自来水公司
 纳税人识别号： 91410502793256845B
 地　址、电话： 中原中路 67 号 67680000
 开户行及账号： 工行七一分行 680561793-65 | 备注 | 郑州市自来水公司
 91410502793256845B
 发票专用章 |

收款人：王静　　复核：张振涛　　开票人：王静　　销货单位：（章）

第三联：发票联　购买方记账凭证

表2-3

特约

同城特约委托收款凭证（付款通知） 5

委托日期 2020 年 12 月 01 日

第 号　No：0003501

付款人	全称	中原纺织机械有限公司	收款人	全称	郑州市自来水公司
	账号或地址	68039484-89		账号	905580120-32
	开户银行	工行和平支行		开户银行	郑州银行伏牛路支行　行号

委收金额	人民币（大写）	伍万柒仟陆佰贰拾陆元肆角肆分	千	百	十	万	千	百	十	元	角	分
					￥	5	7	6	2	6	4	4

款项内容	水费	委托收款凭据名称	11月水费发票	附寄单证张数	2206005　　1　　D1001509

付款人注意：
1. 上列款项已全部划给收款人。
2. 如需拒付，应按照有关规定，由付款人与收款人自行联系解决。

（盖章：中国工商银行郑州和平支行 2020.12.01 转讫）

单位主管　　会计　　复核　　记账　　付款人开户银行　　2020 年 12 月 01 日

此联付款人开户银行给付款人按期付款的通知

业务指导：公司发生的水电费通常由供货单位采用委托收款结算方式结算款项。税法规定，工业用自来水取得增值税专用发票可以抵扣进项税，支付水电费时应通过"应付账款"核算。

工作程序：

（1）出纳员王静将从银行取回的凭证，交给综合岗位会计王霏进行审核后编制记账凭证。然后将记账凭证送交财务主管李华审核。

（2）综合岗位会计王霏根据审核后的记账凭证登记"应付账款——郑州市自来水公司"明细账，然后转交出纳员王静登记"银行存款"日记账。

业务3. 相关原始凭证见表3-1。

表3-1

ICBC 中国工商银行　业务回单（收款）

日期：2020 年 12 月 04 日

回单编号：21022000004

付款人户名：五一棉纺有限公司　　　　　付款人开户行：中原路支行

付款人账号：806186740-59

收款人户名：中原纺织机械有限公司　　　收款人开户行：郑州市和平支行

收款人账号：680394184-89

金额：壹拾柒万贰仟伍佰壹拾柒元整　　　小写：172,517

业务（产品）种类：网银互联　凭证种类 00000000　　凭证号码：000000000000000

摘要：货款　用途：　　　　　　　　　　币种：人民币

交易机构：0170700298　记账柜员：00334　交易代码：51403　渠道：其他

附言：货款　支付交易序号70806795　保温种类：IBP101　网上待机业务报文　委托日期：2020-12-04

业务种类：

（盖章：中国工商银行股份有限公司 郑州市和平支行 业务专用章 7B48D6015008 打印柜员.02）

工作程序：

（1）负责综合岗位会计王霏审核原始凭证，并根据审核无误的原始凭证填制记账凭证。

（2）财务负责人李华审核记账凭证。

（3）出纳岗位王静根据记账凭证登记"银行存款"日记账。

（4）会计王霏根据记账凭证登记"应收账款"明细账。

业务 4. 相关原始凭证见表 4-1。

表 4-1

请　示

公司领导：

应收市机械设备修理有限公司修理费叁佰贰拾壹元整（¥321），因对方单位已经注销，无法收回，按《企业会计准则》核销坏账处理的相关规定，现请示对该公司应收账款列为坏账损失进行核销账务处理。

妥否，请批示。

同意作坏账处理。
　　　　总经理：张军生
　　　　2020 年 12 月 5 日

财务部
2020 年 12 月 3 日

业务指导： 会计准则规定无法收回的应收账款，应作为"坏账损失"处理。

工作程序：

（1）负责综合岗位会计王霏审核原始凭证，并根据审核无误的原始凭证填制记账凭证。

（2）财务负责人李华审核记账凭证。

（3）会计王霏根据记账凭证登记"应收账款"等明细账。

业务 5. 相关原始凭证见表 5-1 至表 5-4。

表 5-1　　　　　　　　　　河南增值税专用发票　　　　　　　　　　No 007684521

41000091320　　　　　此联不作报销 扣税凭证使用　　　　　4100091320007684521

开票日期：2020 年 12 月 5 日

购货方	名　称	西北棉纺股份有限公司				密码区	0396852597 ＞ ＜40//2/06＜35＋851 2075＋＞95－＞89＞*774＋＞－＋110＜*58 ＜8*5034545＋5778988882＋243/＋－ －＞**＜3501＋01＞303031＋/61＜/－		
	纳税人识别号	91250144837628953C							
	地址、电话	兰州市丰收路36号 3728591							
	开户行及账号	工行丰收分 792358165-79							
货物或应税劳务、服务名称		规格型号	单位	数量	单价	金　额	税率	税　额	
*纺织机械*成卷机		A076E	台	4	216 000	864 000	13%	112 320	
*纺织机械*混棉机		A006B	台	3	203 000	609 000	13%	79 170	
合　计						￥1 473 000		￥191 490	
价税合计（大写）		壹佰陆拾陆万肆仟肆佰玖拾元整				（小写）￥1 664 490			
销货方	名　称	中原纺织机械有限公司				备注	中原纺织机械有限公司 91410105689740506A 发票专用章		
	纳税人识别号	91410105689740506A							
	地址、电话	郑州市南阳路290号 63585788							
	开户行及账号	工行和平支行 68039484-89							

收款人：刘娟　　　复核：林玉兰　　　开票人：刘娟　　　销货单位：（章）

表 5-2　　　　　　　　　　出　库　单

发货仓库：仓库　　　　　　　　　　　　　　　　　　　　　　　编　号：668001

提货单位：西北棉纺股份有限公司　　　　　　　　　　　　　　　2020 年 12 月 5 日

类别	编号	名称型号	单位	应发数量	实发数量	单位成本	金　额
		成卷机	台	4	4		
		混棉机	台	3	3		
		合　计					

负责人：丁俊　　　　　保管：黄云　　　　　制单：王丽

表 5-3

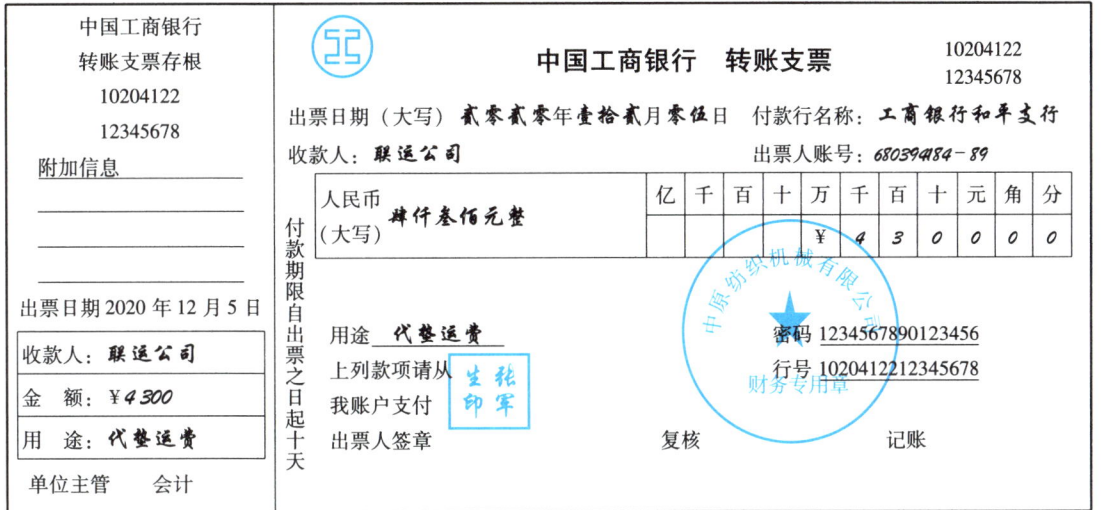

中国工商银行 转账支票存根 10204122 12345678
附加信息
出票日期 2020 年 12 月 5 日
收款人：联运公司
金　额：￥4 300
用　途：代垫运费
单位主管　　　会计

表 5-4　　ICBC 中国工商银行　　　进账单（回单）2

2020 年 12 月 5 日

出票人	全　称	中原纺织机械有限公司	收款人	全　称	联运公司
	账　号	68039484-89		账　号	69480843-73
	开户银行	工行和平支行		开户银行	工行和平支行

金额	人民币（大写）	肆仟叁佰元整	亿	千	百	十	万	千	百	十	元	角	分
							￥	4	3	0	0	0	0

票据种类		票据张数	
票据号码			
备注：			

中国工商银行 和平支行 2020.12.05 转讫

复核：　　　记账：

此联是开户银行交给持（出）票人的回单

第三部分 日常业务处理

业务指导：
- 同城支付款项，一般采用转账支票支付方式。公司出纳按要求填好支票后，撕下转账支票部分，填写一式三联进账单一并交开户行办理付款手续。公司将存根部分连同发票作账，下同。
- 公司销售商品未取得银行收账单据，说明未收到货款，同时开出转账支票垫付了运费，应一并列作"应收账款"处理。

工作程序：
（1）综合岗位会计王霏审核原始凭证，并根据审核无误的原始凭证填制记账凭证。
（2）财务负责人李华审核记账凭证。
（3）会计王霏根据记账凭证登记"应收账款"、"主营业务收入"、"应交税费——应交增值税"等明细账。
（4）出纳员王静负责登记"银行存款"日记账。

业务6. 相关原始凭证见表6-1至6-3。

表6-1　　　　　　　　　河南增值税专用发票　　　　　　　　　No 35392437

499908677383

4100163320
35392437

开票日期：2020年12月6日

购买方	名　称：中原纺织机械有限公司 纳税人识别号：914101056897405064 地址、电话：郑州市南阳路290号 63585788 开户行及账号：工行和平支行 68039184-89				密码区	034372920+*1/287*940//2/06<354+851 2075+>95->89>*774+>-+110<*58 <8*5034545+5778988882+243/+- ->**<3501+01>303031+/61</-		
货物或应税劳务、服务名称	规格型号	单位	数量	单价	金额	税率	税额
*教育服务*培训费		次	1	1 132.08	1 132.08	6%	67.92
合　计					￥1 132.08		￥67.92
价税合计（大写）　壹仟贰佰元整　　　　　　　　　　　　　　　（小写）￥1 200							
销售方	名　称：河南亚太培训中心 纳税人识别号：914105027932543781 地址、电话：河南省郑州市东明路南4号400- 810-0007 开户行及账号：交通银行顺河路支行 41062100010114025067				备注	校验码 810969391893627 （河南亚太培训中心 914105027932543781 发票专用章）		

收款人：张小娟　　　复核：张维玲　　　开票人：张小娟

销售方：（章）

第三部分 日常业务处理

表 6-2

河南增值税专用发票　　　No 35392437

4100162320

发　票　联

4100163320
35392437

开票日期：2020 年 12 月 6 日

购买方	名　　　称	中原纺织机械有限公司	密码区	034372920 + * 1/287 * 940//2/06 < 354 + 851 2075 + > 95 – > 89 > * 774 + > – + 110 < * 58 < 8 * 5034545 + 5778988882 + 243/ + – – > * * < 3501 + 01 > 303031 +/61 + </ –
	纳税人识别号：	9141010568974 0506 A		
	地　址、电话：	郑州市南阳路 290 号 63585788		
	开户行及账号：	工行和平支行 68039184 – 89		

货物或应税劳务、服务名称	规格型号	单位	数量	单价	金额	税率	税额
*教育服务*培训费		次	1	1 132.08	1 132.08	6%	67.92
合　计					￥1 132.08		￥67.92

价税合计（大写）	壹仟贰佰元整	（小写）￥1 200

销售方	名　　　称	河南亚太培训中心	备注	校验码 810969391893627
	纳税人识别号：	91410502793254 3781		
	地　址、电话：	河南省郑州市东明路南 A 号 400 – 810 – 0007		
	开户行及账号：	交通银行顺河路支行 4106210001014025067		

收款人：张小娟　　复核：张继玲　　开票人：张小娟

销售方：（章）

第三联：发票联　购买方记账凭证

表 6-3

ICBC　　　　中国工商银行　业务回单（付款）

日　期：2020 年 12 月 06 日
回单编号：2012000001

付款人户名：中原纺织机械有限公司　　付款人开户行：工行和平支行
付款人账号：680394184 – 89
收款人户名：河南亚太培训中心　　　　收款人开户行：交通银行顺河路支行
收款人账号：411062100010141025067
金　　额：壹仟贰佰元整　　　　　　　小　写：1,200
摘　　要：培训费　用途：　　　　　　币　种：人民币
交易机构：0170700298　记账柜员：00112　交易代码：51139　渠道：网上银行
附　言：支付交易序号70806795　报文种类：IBP101　网上待机业务报文　委托日期：2020 – 12 – 04

打印：　　　　会计主管：　　　　记账：　　　　复核：

业务指导：培训费应通过"应付职工薪酬——工会经费和职工教育经费——职工教育经费"账户核算。

业务 7. 相关原始凭证见表 7-1。

表 7-1　　　　　　　　职工困难补助申请表（代现金收据）

2020 年 12 月 6 日

申请人姓名	文红英	所在部门	装配车间	
申请金额	壹仟元整	平均生活费		 现金付讫
申请理由	爱人下岗，女儿病重。			
工会小组意见	情况属实，建议补助壹仟元整。	工会批示	同意工会小组意见	人民币（大写）壹仟元整 签收：文红英

业务指导：职工困难补助应从"应付职工薪酬——职工福利费"中列支。

业务 8. 相关原始凭证见表 8-1 至表 8-3。

表 8-1　　　　　　　　河南增值税普通发票　　　　　　　　No 00813586

4100210220

00813586

开票日期：2020 年 12 月 6 日

购买方	名　　称：	中原纺织机械有限公司			密码区	0396852597＞＜40//2/06＜354＋851356789 2075＋＞95－＞89＞*774＋＞－＋110＜*58 ＜8*5034545＋5778988882＋243/＋－65 －＞**＜3501＋01＞303031＋/61＋＜/－1			
	纳税人识别号：	9140105689790506A							
	地址、电话：	郑州市南阳路 290 号 63585788							
	开户行及账号：	工行和平支行 68039484-89							
货物或应税劳务、服务名称	规格型号	单位	数量	单价		金额	税率	税额	
*家具*棋牌桌		张	10	42.477876		4247.79	13%	552.21	
*家具*座椅		把	40	44.247787		1769.91	13%	230.09	
合　计						￥6 017.70		￥782.30	
价税合计（大写）	陆仟捌佰元整						（小写）￥6 800		
销售方	名　　称：	海丰家私有限公司			备注				
	纳税人识别号：	91410502791324111D							
	地址、电话：	郑州市郑东新区商务外环路 16 号 1202 号 74857451							
	开户行及账号：	工行和平支行 66180322-56							

收款人：徐哲　　复核：李镇阁　　开票人：徐哲　　销货单位：（章）

表8-2

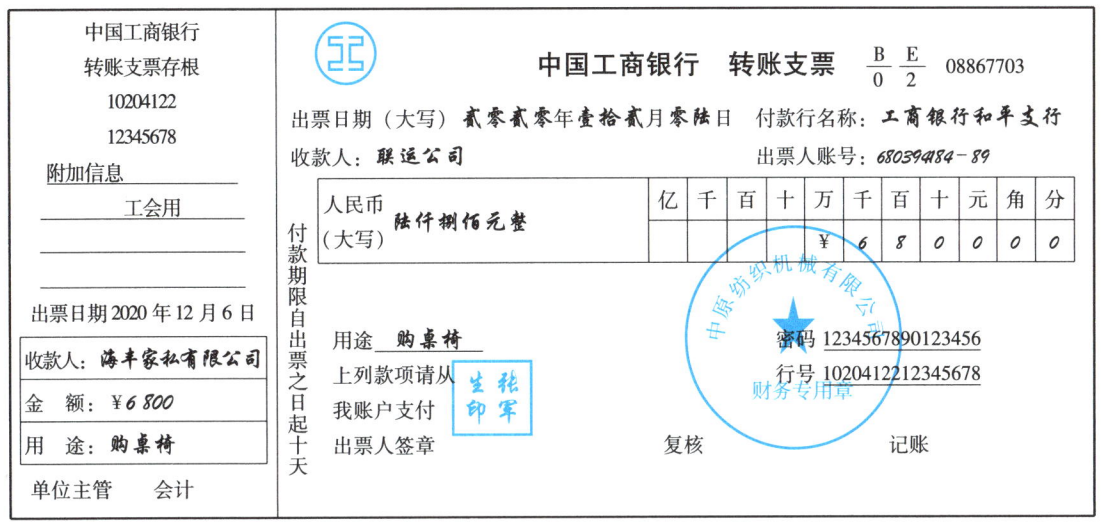

表8-3

业务指导：购买工会活动室用品应从"应付职工薪酬—工会经费和职工教育经费—工会经费"中列支。

业务9.相关原始凭证见表9-1至表9-5。

表9-1

领 料 单

编　号：120101

领料部门：动能分厂　　　　　2020年12月6日　　　　　类别：燃料

编号	材料名称及规格	计量单位	数量		单价	金额
			请发	实发		
	煤	吨	15	15	600	9 000
	合　计				600	9 000
用途	生产用	领料部门			发料部门	
		负责人	领料人		负责人	发料人
			周新			凌云

表9-2

领 料 单

编　号：120301

领料部门：铸造分厂　　　　　2020年12月6日　　　　　类别：原料及主要材料

编号	材料名称及规格	计量单位	数量		单价	金额
			请发	实发		
	铝锭	吨	2.5	2.5	11 000	27 500
	合　计				11 000	27 500
用途	浇铸铝铸件	领料部门			发料部门	
		负责人	领料人		负责人	发料人
			贾大庆			赵明

表9-3

领 料 单

编　号：120302

领料部门：铸造分厂　　　　　2020年12月6日　　　　　类别：原料及主要材料

编号	材料名称及规格	计量单位	数量		单价	金额
			请发	实发		
	生铁	吨	15	14	3 000	42 000
	合　计				3 000	42 000
用途	浇铸铁铸件	领料部门			发料部门	
		负责人	领料人		负责人	发料人
			贾大庆			赵明

表9-4　　　　　　　　　　毛坯领用单

编　号：120401　　　　　　2020年12月6日

领用单位：**机一分厂**　　　　毛坯名称：**铁坯件**　　　　用途：**生产耗用**

项目产品名称	请领数量	实发数量	单位成本	总成本
成卷机	8吨	7吨	6 250	43 750
混棉机	8吨	8吨	6 250	50 000
合　计	16吨	15吨	6 250	93 750

主管：　　　　　审核：　　　　　领料：**林彬**　　　　　发料：**夏征**

表9-5　　　　　　　　　　毛坯领用单

编　号：120501　　　　　　2020年12月6日

领用单位：**机二分厂**　　　　毛坯名称：**铁坯件**　　　　用途：**生产耗用**

项目产品名称	请领数量	实发数量	单位成本	总成本
成卷机	10吨	9吨	6 250	56 250
混棉机	6吨	6吨	6 250	37 500
合　计	16吨	15吨	6 250	93 750

主管：　　　　　审核：　　　　　领料：**丁红**　　　　　发料：**夏征**

> **业务指导**：生产领用材料核算，平时按领料单发放材料并登记仓库设置的明细账。月终，财务部门根据领料单编制发料凭证汇总表进行汇总后再编制记账凭证，按账务处理程序进行账务处理。本实训为简化核算，直接根据领料单编制记账凭证。需增设"生产成本—辅助生产成本—动能分厂"、"生产成本—辅助生产成本—铸造分厂（铝坯件）"、"生产成本——辅助生产成本—铸造分厂（铁坯件）"等明细分类账。

业务10. 相关原始凭证见表10-1至表10-3。

表 10-1

4100210220

河南增值税专用发票

抵 扣 联

No 00813586
4100210220
00813586
开票日期：2020 年 12 月 6 日

购货方	名　　　称	中原纺织机械有限公司			密码区	0396852597＞＜40//2/06＜354＋8513567892075＋＞95－＞89＞*774＋＞－＋110＜＜58＜8*5034545＋5778988882＋243/＋－65－＞**＜3501＋01＞303031＋/61＋＜/－1			
	纳税人识别号：	9141010568974050 6A							
	地 址、电 话：	郑州市南阳路290号 63585788							
	开户行及账号：	工行和平支行 68039484-89							
货物或应税劳务、服务名称		规格型号	单位	数量	单价	金额		税率	税额
*现代服务*展览服务			m²	5	15 094.34	15 094.34		6%	905.66
合　计						￥15 094.34			￥905.66
价税合计（大写）		壹万陆仟元整					（小写）￥16 000		
销货方	名　　　称	河南省展销中心			备注				
	纳税人识别号：	91410103217224556E							
	地 址、电 话：	郑州市郑东新区商务外环路12号 1102 号 89384654				河南省展销中心
91410103217224556E
发票专用章			
	开户行及账号：	农行黄河营业所 7887391710182600 0789							

收款人：徐哲　　复核：王少峰　　开票人：徐哲　　销货单位：（章）

表 10-2

4100210220

河南增值税专用发票

发 票 联

No 00813586
4100210220
00813586
开票日期：2020 年 12 月 6 日

购货方	名　　　称	中原纺织机械有限公司			密码区	0396852597＞＜40//2/06＜354＋8512075＋＞95－＞89＞*774＋＞－＋110＜＜58＜8*5034545＋5778988882＋243/＋－－＞**＜3501＋01＞303031＋/61＋＜/－			
	纳税人识别号：	9141010568974050 6A							
	地 址、电 话：	郑州市南阳路290号 63585788							
	开户行及账号：	工行和平支行 68039484-89							
货物或应税劳务、服务名称		规格型号	单位	数量	单价	金额		税率	税额
*现代服务*展览服务			m²	5	15 094.34	15 094.34		6%	905.66
合　计						￥15 094.34			￥905.66
价税合计（大写）		壹万陆仟元整					（小写）￥16 000		
销货方	名　　　称	河南省展销中心			备注				
	纳税人识别号：	91410103217224556E							
	地 址、电 话：	郑州市郑东新区商务外环路12号 1102 号 89384654				河南省展销中心
91410103217224556E
发票专用章			
	开户行及账号：	农行黄河营业所 7887391710182600 0789							

收款人：徐哲　　复核：王少峰　　开票人：徐哲　　销货单位：（章）

表 10-3

中国工商银行 网上银行电子回单

电子回单号码：0031-9252-9826-1100

付款人	户名	中原纺织机械有限公司		收款人	户名	河南省展销中心
	账号	680394184-89			账号	580780639-03
	开户银行	工行和平支行			开户银行	农行黄河营业部
金额		人民币（大写）壹万陆仟元整				￥16 000
摘要		支付款		业务种类		汇划发报
用途		转账				
交易流水号		78856822		时间戳		2020-12-06-11.42.30.383589
	备注：用途：转账 汇出行：0170200268 汇出行名称工行河南省分行账务处理中心 汇入行：0140200347 指令编号：HQP2505688599 提交人：HB001.c.1702 最终授权人： 验证码：YeToraAemPRErvDV0E1/b6TWjDY=					
记账网点		17200268	记账柜员	0012	记账日期	2020 年 12 月 06 日

如需校验回单，请点击：回单验证　　　　　　　　　　　　　　打印日期：2020 年 12 月 06 日

重要提示：本回单不作为收款方发货依据，并请勿重复记账

> **业务指导：** 网上银行电子回单中的记账日期是银行的记账日期，审查票时注意。根据上述原始凭证编制记账凭证，需增设"销售费用"总账及明细分类账。

业务 11. 相关原始凭证见表 11-1 至表 11-3。

表 11-1　　　　　　　　　河南增值税专用发票　　　　　　　No 00892302

4100970011　　　　　　　　　　　　　　　　　　　　　　　　　4100970011
　　　　　　　　　　　　　　　　　　　　　　　　　　　　　　　00892302
　　　　　　　　　　　　　　　　　　　　　　　　　　　开票日期：2020 年 12 月 6 日

购货方	名　称	中原纺织机械有限公司	密码区	0396852597><40//2/06<354+8512075+95->89>*774+>-+110<*58<8*5034545+5778988882+243/+-->**<3501+01>303031+/61+</-			第二联：抵扣联　购买方扣税凭证
	纳税人识别号：	91401056897405064					
	地址、电话：	郑州市南阳路290号 63585788					
	开户行及账号：	工行和平支行 68039484-89					
货物或应税劳务、服务名称	规格型号	单位	数量	单价	金额	税率	税额
*现代服务*广告服务		月	1	207 547.17	207 547.17	6%	12 452.83
合　计					￥207 547.17		￥12 452.83
价税合计（大写）		贰拾贰万元整				（小写）￥220 000	
销货方	名　称	河南省电视台	备注				
	纳税人识别号：	91410138667994727					
	地址、电话：	郑州市花园路1号 3847 5523					
	开户行及账号：	建设银行花园路支行 1300169900895 9502118					

收款人：秦海　　　复核：刘钟涛　　　开票人：秦海　　　销货单位：（章）

表 11-2　　　　　河南增值税专用发票　　　　No 00892302

4100970011　　　　　　　　　发　票　联　　　　　　　　4100970011
　　　　　　　　　　　　　　　　　　　　　　　　00892302

开票日期：2020 年 12 月 6 日

购货方	名　称：	中原纺织机械有限公司			密码区	0396852597 > <40//2/06 < 354 + 8512075 + > 95 - > 89 * 774 + > - + 110 < * 58 < 8 * 5034545 + 5778988882 + 243/ + - - > * * < 3501 + 01 > 303031 +/61 + </ -			
	纳税人识别号：	91410105689740506A							
	地　址、电话：	郑州市南阳路 290 号 63585788							
	开户行及账号：	工行和平支行 68039184-89							
货物或应税劳务、服务名称		规格型号	单位	数量	单价	金额		税率	税额
*现代服务*广告服务			月	1	207 547.17	207 547.17		6%	12 452.83
合　　计						¥ 207 547.17			¥ 12 452.83
价税合计（大写）		贰拾贰万元整					（小写）¥ 220 000		
销货方	名　称：	河南省电视台			备注				
	纳税人识别号：	91410138667994172F							
	地　址、电话：	郑州市花园路 1 号 38475523							
	开户行及账号：	建设银行花园路支行 1300169900895902118							

收款人：秦海　　　复核：刘钟涛　　　开票人：秦海　　　销货单位：（章）

表 11-3

中 国 工 商 银 行　网上银行电子回单

电子回单号码：0031-9252-9826-1103

付款人	户名	中原纺织机械有限公司	收款人	户名	河南省电视台
	账号	680394184-89		账号	1300169900895902118
	开户银行	工行和平支行		开户银行	建设银行花园路支行
金额		人民币（大写）贰拾贰万元整			¥ 220 000
摘要		支付款	业务种类		汇划发报
用途		转账			
交易流水号		78856837	时间戳		2020-12-06-12.50.20.383595
		备注： 用途：转账 汇出行：0170200268 汇出行名称：工行河南省分行账务处理中心 汇入行：0150700298 指令编号：HQP2505688602 提交人：HB001.c.1702 最终授权人： 验证码：YeToraAemPRErvDV0E1/b6TWlkjh =			
记账网点	17200268	记账柜员	0012	记账日期	2020 年 12 月 06 日

如需校验回单，请点击：回单验证　　　　　　　　　　　　　打印日期：2020 年 12 月 06 日
重要提示：本回单不作为收款方发货依据，并请勿重复记账

业务指导：广告费应通过"销售费用"账户核算。

业务 12. 相关原始凭证见表 12-1 至表 12-3。

表 12-1　　　　　　　河南增值税普通发票　　　　　No 00813586

4100210220
00813586
开票日期：2020 年 12 月 6 日

购货方		销货方	
名称	中原纺织机械有限公司	密码区	0396852597 > < 40//2/06 < 354 + 8513567892075 + > 95 - > 89 > * 774 + > - 110 < * 58 < 8 * 5034545 + 5778988882 + 243/ + - 65 - > * * < 3501 + 01 > 303031 +/61 < / - 1
纳税人识别号	9141010568974050&A		
地址、电话	郑州市南阳路290号 63585788		
开户行及账号	工行和平支行 68039484-89		

货物或应税劳务、服务名称	规格型号	单位	数量	单价	金额	税率	税额
*邮政服务*大河报		份	6	400	2 400	免税	***
合计					¥2 400		***

价税合计（大写）　贰仟肆佰元整　　　　　　　（小写）¥2 400

销货方		备注	
名称	郑州市邮政局		郑州市邮政局 914105016897845326 发票专用章
纳税人识别号	914105016897845326		
地址、电话	郑州市郑东新区商务内环路12号113号 65738453		
开户行及账号	行和平支行 65480246-23		

收款人：徐哲　　复核：闫永跃　　开票人：徐哲　　销货单位：（章）

表 12-2

中国工商银行
转账支票存根
10204122
12345678

附加信息
_____
_____
_____

出票日期 2020 年 12 月 7 日
收款人：郑州市邮政局
金　额：¥2 400
用　途：报刊杂志费
单位主管　　会计

中国工商银行　转账支票　　10204122　12345678

出票日期（大写）　贰零贰零年壹拾贰月零柒日　　付款行名称：工商银行和平支行
收款人：郑州市邮政局　　　　　　　　　　　　出票人账号：68039484-89

人民币（大写）	贰仟肆佰元整	亿	千	百	十	万	千	百	十	元	角	分
	¥						2	4	0	0	0	0

付款期限自出票之日起十天

用途：报刊杂志费
上列款项请从我账户支付
出票人签章　张生印军　　复核　　记账

密码 1234567890123456
行号 1020412212345678
财务专用章

表12-3　ICBC 中国工商银行　　进账单（回单）2

2020年12月7日

出票人	全称	中原纺织机械有限公司	收款人	全称	郑州市邮政局
	账号	68039484-89		账号	65480246-23
	开户银行	工行和平支行		开户银行	工行和平支行

金额	人民币（大写）	贰仟肆佰元整	亿	千	百	十	万	千	百	十	元	角	分
							¥	2	4	0	0	0	0

票据种类	转支	票据张数	壹张
票据号码			

备注：

（中国工商银行郑州和平支行 2020.12.07 转讫）

复核：　　　记账：

此联是开户银行交给持（出）票人的回单

业务指导：根据上述原始凭证编制记账凭证，需增设"管理费用"总账及明细分类账。

业务13. 相关原始凭证见表13-1至表13-3。

表13-1　　　　　河南增值税专用发票　　　　　No 00286809

4100163320

（河南 抵扣联 印章）

4100163320
00286809

开票日期：2020年12月7日

购货方	名称	中原纺织机械有限公司	密码区	0396852597 > <40//2/06<354+8516743212075+>95 ->89>*774+>-+110<*58<8*5034545+ 5778988882+243/+-90->**<3501+01>303031 +/61<//-2
	纳税人识别号：	9141010568974050 6A		
	地址、电话：	郑州市南阳路290号 63585788		
	开户行及账号：	工行和平支行 68039484-89		

货物或应税劳务、服务名称	规格型号	单位	数量	单价	金额	税率	税额
*供电*电		度	42 735.05	0.89	38 034.19	13%	4 944.45
合计					¥38 034.19		¥4 944.45

价税合计（大写）　肆万贰仟玖佰柒拾捌元陆角肆分　　　（小写）¥42 978.64

销货方	名称	郑州市供电公司	备注	（郑州市供电公司 9141051371236 5810H 发票专用章）
	纳税人识别号：	9141051371236 5810H		
	地址、电话：	淮河路67号 63292450		
	开户行及账号：	工行淮河分行 380419673-26		

收款人：陈奇　　　复核：闫永跃　　　开票人：陈奇　　　销货单位：（章）

第二联：抵扣联　购买方扣税凭证

表 13-2　河南增值税专用发票　No 00286809

4100163320

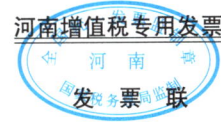
发 票 联

4100163320
00286809
开票日期：2020 年 12 月 7 日

购货方	名　　　称：	中原纺织机械有限公司						
	纳税人识别号：	914010568974050 6A			密码区	0396852597 > <40//2/06 <354 +8512075 + >95 - >89 > *774 + > - +110 < *58 <8 *5034545 +5778988882 +243/ + - - > * * <3501 +01 >303031 +/61 +</-		
	地址、电话：	郑州市南阳路 290 号 63585788						
	开户行及账号：	工行和平支行 68039484-89						

货物或应税劳务、服务名称	规格型号	单位	数量	单价	金额	税率	税额
*供电*电		度	42 735.05	0.89	38 034.19	13%	4 944.45
合　计					￥38 034.19		￥4 944.45

价税合计（大写）	肆万贰仟玖佰柒拾捌元陆角肆分	（小写）￥42 978.64

销货方	名　　　称：	郑州市供电公司	备注	郑州市供电公司 914105137123658810H 发票专用章
	纳税人识别号：	914105137123658810H		
	地址、电话：	淮河路 67 号 63292450		
	开户行及账号：	工行淮河分行 380419673-26		

收款人：陈奇　　复核：闫永跃　　开票人：陈奇　　销货单位：（章）

表 13-3　同城特约委托收款凭证（付款通知）　5　户号：

特约　委托日期 2020 年 12 月 7 日　No：00289257

付款人	全　称	中原纺织机械有限公司	收款人	全　称	郑州市供电公司									
	账号或地址	68039484-89		账　号	680237539-52									
	开户银行	工行和平支行		开户银行	工行伏牛电分行			行号						

委收金额	人民币（大写）肆万贰仟玖佰柒拾捌元陆角肆分	千	百	十	万	千	百	十	元	角	分
				￥	4	2	9	7	8	6	4

区号	力调	尖电价	尖电量	峰电价	峰电量	平电价	平电量	谷电价	谷电量
						付款人注意： 1. 上列款项已全部划给收款人。 2. 如需拒付，应按照有关规定，由付款人与收款人自行联系解决。			
本号									

中国工商银行郑州和平支行　付讫　2020.12.07

单位主管　　会计　　复核　　记账　　付款人开户银行收到日期　年　月　日

业务指导：账务处理同业务 2。

业务 14. 相关原始凭证见表 14-1 至表 14-3。

表14-1  河南增值税专用发票  No 04416663

4100163323　　　　　　　　发票联　　　　　　　　4100163323
　　　　　　　　　　　　　　　　　　　　　　　　04416663
　　　　　　　　　　　　　　　　　　　开票日期：2020 年 12 月 7 日

购货方	名　　　称：中原纺织机械有限公司 纳税人识别号：91410105689740506A 地址、电话：郑州市南阳路290号 63585788 开户行及账号：工行和平支行 68039484-89	密码区	0396852597 > <40//2/06 <354 +8516743802075 + > 95 - >89 > *774 + > - +110 < *58 <8 *5034545 + 5778988882 + 243/ + - 86 - > * * <3501 + 01 > 303031 +/61 + </ -2

货物或应税劳务、服务名称	规格型号	单位	数量	单价	金额	税率	税额
*交通运输设备*面包车		辆	1	68 000	68 000	13%	8 840
合　计					￥68 000		￥8 840

价税合计（大写）	柒万陆仟捌佰肆拾元整	（小写）￥76 840

销货方	名　　　称：河南省外商投资有限公司 纳税人识别号：91410138667914972J 地址、电话：郑州市南阳路21号 65738491 开户行及账号：中行南阳路支行 　　　　　　　41012440504001197	备注	（河南省外商投资有限公司 91410138667914972J 发票专用章）

收款人：秦海　　　复核：苏彬彬　　　开票人：秦海　　　销货单位：（章）

第三联：发票联　购买方记账凭证

表14-2  河南增值税专用发票  No 04416663

4100163323　　　　　　　　抵扣联　　　　　　　　4100163323
　　　　　　　　　　　　　　　　　　　　　　　　04416663
　　　　　　　　　　　　　　　　　　　开票日期：2020 年 12 月 7 日

购货方	名　　　称：中原纺织机械有限公司 纳税人识别号：91410105689740506A 地址、电话：郑州市南阳路290号 63585788 开户行及账号：工行和平支行 68039484-89	密码区	0396852597 > <40//2/06 <354 +8516743802075 + > 95 - >89 > *774 + > - +110 < *58 <8 *5034545 + 5778988882 + 243/ + - 86 - > * * <3501 + 01 > 303031 +/61 + </ -2

货物或应税劳务、服务名称	规格型号	单位	数量	单价	金额	税率	税额
*交通运输设备*面包车		辆	1	68 000	68 000	13%	8 840
合　计					￥68 000		￥8 840

价税合计（大写）	柒万陆仟捌佰肆拾元整	（小写）￥76 840

销货方	名　　　称：河南省外商投资有限公司 纳税人识别号：91410138667914972J 地址、电话：郑州市南阳路21号 65738491 开户行及账号：中行南阳路支行 　　　　　　　41012440504001197	备注	（河南省外商投资有限公司 91410138667914972J 发票专用章）

收款人：秦海　　　复核：苏彬彬　　　开票人：秦海　　　销货单位：（章）

第二联：抵扣联　购买方扣税凭证

表14-3 　　　　　　　　　　　固定资产接收单

2020 年 12 月 7 日　　　　　　　　　　　第 0101 号

接收单位	机修分厂					捐赠单位		河南省外商投资有限公司	
设备编号	08		设备名称	面包车		型号规格	JB型		5座
生产厂			出厂日期			数　量		壹	
原　价	单价		耐用年限	5		已提折旧		单价	
	总价	68 000	已用年限			净　值	作价	总价	68 000
其　中	运杂费		接收原因	捐赠		设备状况		接收方式	
	包装费								
	安装费								
接收单位盖章			公司经理	张军生		捐赠单位盖章		公司经理	姚家驹
			管理部门					管理部门	
			财务部门	李华				财务部门	魏军
			经办人	吴发				经办人	席群力

业务指导：根据上述原始凭证编制记账凭证，需增设"营业外收入"总账及明细分类账。

业务15. 相关原始凭证见表15-1至表15-6。

表15-1　　　　　　　　河南增值税专用发票　　　　　　　　№ 13784690

6930528714　　　　　　　　　　抵　扣　联　　　　　　　　6930528714
　　　　　　　　　　　　　　　　　　　　　　　　　　　　13784690

开票日期：2020 年 12 月 8 日

购货方	名　称：	中原纺织机械有限公司			密码区	0396852597 > <40//2/06 <354 +8516754882075 + > 95 - >89 * *774 + > - + 110 < *58 <8 *5034545 + 5778988882 + 243/ + - 90 - > * * < 3501 + 01 > 303031 +/61 </ -3		第二联：抵扣联 购买方扣税凭证
	纳税人识别号：	91401056897405064						
	地址、电话：	郑州市南阳路290号 63585788						
	开户行及账号：	工行和平支行 68039484-89						
货物或应税劳务名称	规格型号	单位	数量	单价	金额	税率	税额	
*金属制品*不锈钢		吨	2	19 100	38 200	13%	4 966	
合　计					￥38 200		￥4 966	
价税合计（大写）	肆万叁仟壹佰陆拾陆元整					（小写）￥43 166		
销货方	名　称：	安阳钢铁有限公司			备注	安阳宏远运输公司 91410214010167421K 发票专用章		
	纳税人识别号：	91410214010167421K						
	地址、电话：	市五一大道206号 5737238						
	开户行及账号：	工行安阳五一分行 28650241-28						

收款人： 李明　　复核： 刘海峭　　开票人： 李明　　销货单位：（章）

表 15-2

河南增值税专用发票

No 13784690

6930528714

发票联

6930528714
13784690
开票日期：2020 年 12 月 8 日

购货方	名称：	中原纺织机械有限公司			密码区	0396852597 > <40//2/06 <354 +8516754882075 + > 95 - >89 * 774 + > - +110 < *58 <8 *5034545 + 5778988882 + 243/ + - 90 - > * * <3501 + 01 > 303031 +/61 + </ -3			
	纳税人识别号：	91410105689740506A							
	地址、电话：	郑州市南阳路 290 号 63585788							
	开户行及账号：	工行和平支行 68039484-89							
货物或应税劳务名称		规格型号	单位	数量	单价	金额		税率	税额
*金属制品*不锈钢			吨	2	19 100	38 200		13%	4 966
合 计						¥ 38 200			¥ 4 966
价税合计（大写）		肆万叁仟壹佰陆拾陆元整						（小写）¥ 43 166	
销货方	名称：	安阳钢铁有限公司			备注	安阳宏远运输公司 914102140101 67421K 发票专用章			
	纳税人识别号：	91410214010167421K							
	地址、电话：	市五一大道 206 号 5737238							
	开户行及账号：	工行安阳五一分行 28654024 1-28							

收款人：李明　　　复核：刘海峭　　　开票人：李明　　　销货单位：（章）

表 15-3

河南增值税专用发票

No 13784692

65372060750

抵扣联

65372060750
13784692
开票日期：2020 年 12 月 8 日

购货方	名称：	中原纺织机械有限公司			密码区	0396852597 > <40//2/06 <354 +8510303162075 + > 95 - >89 * 774 + > - +110 < *58 <8 *5034545 + 5778988882 + 243/ + - 97 - > * * <3501 + 01 > 303031 +/61 + </ -3			
	纳税人识别号：	91410105689740506A							
	地址、电话：	郑州市南阳路 290 号							
	开户行及账号：	工行和平支行 68039484-89							
货物或应税劳务名称		规格型号	单位	数量	单价	金额		税率	税额
运输服务*货物 运输服务			吨	2	700	1 400		9%	126
合 计						¥ 1 400			¥ 126
价税合计（大写）		壹仟伍佰贰拾陆元整						（小写）¥ 1 526	
销货方	名称：	安阳宏远运输公司			备注	运输货物：不锈钢板 河南安阳到河南郑州			
	纳税人识别号：	91410219325534553L							
	地址、电话：	安阳市政通路 6 号 0372-8659723							
	开户行及账号：	工行安阳五一分行 28654024 2-82							

收款人：荆伟东　　　复核：张庆辉　　　开票人：荆伟东　　　销货单位：（章）

表15-4

河南增值税专用发票   No 13784690

5372060750   5372060750
                                              13784692

开票日期：2020 年 12 月 8 日

购货方	名　　　称	中原纺织机械有限公司				密码区	0396852597＞＜40//2/06＜354＋8510303162075＋＞ 95－＞89＞＊774＋＞－＋110＜＊58＜8＊5034545＋ 5778988882＋243/＋－97－＞＊＊＜3501＋01＞ 303031＋/61＋＜/－3		
	纳税人识别号：	9140105689740506A							
	地　址、电　话：	郑州市南阳路290号							
	开户行及账号：	工行和平支行 68039184-89							
货物或应税劳务名称		规格型号	单位	数量	单价		金额	税率	税额
运输服务* 货物运输服务			吨	2	700		1 400	9%	126
合　　计							¥1 400		¥126
价税合计（大写）		壹仟伍佰贰拾陆元整					（小写）¥1 526		
销货方	名　　　称	安阳宏远运输公司				备注	运输货物：不锈钢板 河南安阳到河南郑州		
	纳税人识别号：	9140219325534553L							
	地　址、电　话：	安阳市政通路6号 0372-8659723							
	开户行及账号：	工行安阳五一分行 286540242-82							

收款人：邢伟东　　　复核：张庆辉　　　开票人：邢伟东

销货单位：（章）

表15-5

中国工商银行　网上银行电子回单

电子回单号码：0031-9252-9826-1108

付款人	户名	安阳钢铁有限公司	收款人	户名	安阳钢铁有限公司
	账号	680394184-89		账号	286540241-28
	开户银行	工行郑州和平支行		开户银行	工行安阳五一分行
金额		人民币（大写）肆万叁仟壹佰陆拾陆元整			¥43 166
摘要		支付货款	业务种类		汇划发报
用途		转账			
交易流水号		78856845	时间戳		2020-12-08-09.32.30.384289
	备注： 用途：货款 汇出行：0170200268 汇出行名称：工行河南省分行账务处理中心 汇入行：0170700368 指令编号：HQP2505688607 提交人：HB001.c.1702 最终授权人： 验证码：YeToraAemPRErvDV0E1/b6TWyut=				
记账网点	17200268	记账柜员	0012	记账日期	2020年12月08日

如需校验回单，请点击：回单验证　　　　打印日期：2020年12月08日

重要提示：本回单不作为收款方发货依据，并请勿重复记账

表 15-6

 中 国 工 商 银 行　网上银行电子回单

电子回单号码：0031-9252-9826-1109

付款人	户名	中原纺织机械有限公司	收款人	户名	安阳钢铁有限公司
	账号	680394184-89		账号	2865402412-82
	开户银行	工行郑州和平支行		开户银行	工行安阳五一分行
金额		人民币（大写）壹仟伍佰贰拾陆元整			￥1 526
摘要		支付运费	业务种类		汇划发报
用途		转账			
交易流水号		78856846	时间戳		2020-12-08-09.40.33.384292
		备注： 用途：运费 汇出行：0170200268 汇出行名称：工行河南省分行账务处理中心 汇入行：0170700368 指令编号：HQP2505688609 提交人：HB001.c.1702 最终授权人： 验证码：YeToraAemPRErvDV0E1/b6TWhjk=			
记账网点		17200268	记账柜员	0012	记账日期　2020 年 12 月 08 日

如需校验回单，请点击：回单验证　　　　　　　　　　　打印日期：2020 年 12 月 08 日

重要提示：本回单不作为收款方发货依据，并请勿重复记账

> **业务指导**：增值税一般纳税人购进或销售货物支付的运输费用，取得通过认证的增值税专用发票，可作为增值税抵扣凭证，允许计算抵扣进项税额。（下同）
> 　　本实训中采购业务发生的运输费用，均由销售方代垫。（下同）
> 　　根据以上原始凭证编制记账凭证，需增设"在途物资"总账及明细分类账。

业务 16. 相关原始凭证见表 16-1。

表 16-1　　　　　　　　　　　　入　库　单　　　　　　　　　　　编　号：552001

供应单位：

发票号码：　　　　　　　　　　2020 年 12 月 9 日　　　　　　　材料类别：原料及主要材料

材料编号	名称	规格	计量单位	数量		实际采购价格		合计	备注	第二联记账
				应收	实收	单价	金额			
	不锈钢板		吨	2	2	19 800	39 600	39 600		

收料人：张晓平　　　负责人：王尔康　　　保管：赵启明　　　制单：王小玲

> **业务指导**：原材料验收入库应计算入库原材料的实际采购成本，通过"原材料——原料及主要材料"账户核算。

业务 17. 相关原始凭证见表 17-1 至表 17-16。

表 17-1　　　　　　　　　　中国工商银行电子缴税付款凭证

缴税日期：2020 年 12 月 09 日　　　　　　　　　　　　　　　　凭证字号：2011010967098541

纳税人全称及纳税人识别号：中原纺织机械有限公司　91410105689740506A
付款人全称：中原纺织机械有限公司
付款人账号：680394184-89　　　　　　征收机关名称：国家税务总局郑州市金水区税务局
付款人开户银行：和平支行　　　　　　收款国库（银行）名称：金水区支库
小写（合计）金额：￥42,000　　　　　缴款书交易流水号：410011010883676149
大写（合计）金额：肆万贰仟元整　　　税票号码：410011010883676149

税（费）种名称	所属日期	实缴金额
增值税	20201101-20201130	￥42,000

中国工商银行股份有限公司
郑州市和平支行
业务专用章
2A0D60130244

第 1 次打印　　　　　　　　　　　　　打印时间：2020 年 12 月 09 日 15 时 10 分

（14.85 公分×21 公分）　第二联　作付款回单（无银行收讫章无效）　复核　　记账

表 17-2　　　　　　　　　　　　电子缴款凭证

打印日期：2020 年 12 月 09 日　　　　　　　　　　c6da26a2dc6042b789cd8cacff9e491e

纳税人识别号	91410105689740506A		税务征收机关	国家税务总局郑州市金水区税务局	
纳税人全称	中原纺织机械有限公司		开户银行	中国工商银行郑州和平支行	
			银行账号	680394184-89	
系统税票号	税（费）种	税（品）目	所属时期起	所属时期止	实缴金额	交款日期	备注
410011010883676149	增值税	机械制造（13%）	2020/11/01	2020/11/30	42 000	2020/12/09	
金额合计	肆万贰仟元整				￥42 000		
本缴款凭证仅作为纳税人记账核算凭证使用，电子缴税的，需与银行对账单电子划缴记录核对一致方有效。纳税人如需汇总开具正式完税证明，请凭税务登记证或身份证明到主管税务机关开具。							
税务机关（电子章）	电子缴费专用章						

表17-3   **中国工商银行电子缴税付款凭证**

缴税日期：2020 年 12 月 09 日   凭证字号：201101096708542

纳税人全称及纳税人识别号：中原纺织机械有限公司	91410105689740506A
付款人全称：中原纺织机械有限公司	征收机关名称：国家税务总局郑州市金水区税务局
付款人账号：680394184-89	收款国库（银行）名称：金水区支库
付款人开户银行：000202	缴款书交易流水号：410011010883676150
小写（合计）金额：￥12 000	税票号码：410011010883676150
大写（合计）金额：壹万贰仟元整	

税（费）种名称	所属日期	实缴金额
企业所得税	20201101-20201130	￥12 000

（中国工商银行股份有限公司 郑州市和平支行 业务专用章 2A0D60130245）

第1次打印   打印时间：2020 年 12 月 09 日 15 时 12 分

(14.85 公分×21 公分)   第二联   作付款回单（无银行收讫章无效）   复核   记账

表17-4   **电子缴款凭证**

打印日期：2020 年 12 月 09 日   c6c6da26a2dc6042b789cd8cacff9e50

纳税人识别号	91410105689740506A			税务征收机关	国家税务总局郑州市金水区税务局		
纳税人全称	中原纺织机械有限公司			开户银行	中国工商银行郑州和平支行		
				银行账号	680394184-89		
系统税票号	税（费）种	税（品）目	所属时期起	所属时期止	实缴金额	交款日期	备注
410011010883676150	企业所得税	应纳税所得额	2020/11/01	2020/11/30	12 000	2020/12/09	
金额合计	壹万贰仟元整				￥12 000		

本缴款凭证仅作为纳税人记账核算凭证使用，电子缴税的，需与银行对账单电子划缴记录核对一致方有效。纳税人如需汇总开具正式完税证明，请凭税务登记证或身份证明到主管税务机关开具。

税务机关（电子章）   （国家税务总局河南省税务局 电子缴费专用章）

表17-5　　　　　　　　　　　　中国工商银行电子缴税付款凭证

转账日期：2020年12月09日　　　　　　　　　　　　　　　　　　　　凭证字号：201101096 7098543

纳税人全称及纳税人识别号：中原纺织机械有限公司　91410105689740506A	
付款人全称：中原纺织机械有限公司	
付款人账号：680394184-89	征收机关名称：国家税务总局郑州市金水区税务局
付款人开户银行：和平支行	收款国库（银行）名称：金水区支库
小写（合计）金额：￥5 040	缴款书交易流水号：410011010883676151
大写（合计）金额：人民币伍仟零肆拾元整	税票号码：410011010883676151

税（费）种名称	所属日期	实缴金额
城市维护建设税	20201101　20201130	2 940
教育费附加	20201101　20201130	1 260
地方教育费附加	20201101　20201130	840

第1次打印　　　　　　　　　　　　　　　　　　　　　　打印时间：2020年12月09日15时13分

（中国工商银行股份有限公司　郑州市和平支行　业务专用章　2A0D60130246　打印柜员.05）

表17-6　　　　　　　　　　　　　电子缴款凭证

打印日期：2020年12月09日　　　　　　　　　　　　　　　　　c6da26a2dc6042b789cd8cacff9e51er

纳税人识别号	91410105689740506A			税务征收机关	国家税务总局郑州市金水区税务局			
				开户银行	中国工商银行郑州和平支行			
纳税人全称	中原纺织机械有限公司			银行账号	680394184-89			
系统税票号	税（费）种	税（品）目	所属时期起	所属时期止	实缴金额	交款日期	备注
410011010883676151	城市维护建设税	城市（增值税附征）	2020/11/01	2020/11/30	2940	2020/12/09	
410011010883676151	教育附加	增值税教育费附加	2020/11/01	2020/11/30	1260	2020/12/09	
410011010883676151	地方教育附加	增值税地方教育附加	2020/11/01	2020/11/30	840	2020/12/09	
金额合计	伍仟零肆拾元整				￥5 040		
本缴款凭证仅作为纳税人记账核算凭证使用，电子缴税的，需与银行对账单电子划缴记录核对一致方有效。纳税人如需汇总开具正式完税证明，请凭税务登记证或身份证明到主管税务机关开具。 税务机关（电子章）							

表 17-7　　　　　　　　　　中国工商银行电子缴税付款凭证

缴税日期：2020 年 12 月 09 日　　　　　　　　　　　　　　凭证字号：2011010967098544

纳税人全称及纳税人识别号：中原纺织机械有限公司　91410105689740506A

付款人全称：中原纺织机械有限公司
付款人账号：680394184-89　　　　　　征收机关名称：国家税务总局郑州市金水区税务局
付款人开户银行：和平支行　　　　　　收款国库（银行）名称：金水区支库
小写（合计）金额：¥113 300.86　　　　缴款书交易流水号：410011010883676152
大写（合计）金额：人民币壹拾壹万叁仟叁佰叁拾元捌角陆分　税票号码：410011010883676152

税（费）种名称	所属日期	实缴金额
企业职工基本养老保险费	20201101 20201130	101 543.22
失业保险费	20201101 20201130	6 413.26
工伤保险费	20201101 20201130	5 344.38

（盖章：中国工商银行股份有限公司 郑州市和平支行 业务专用章 2A0D60130247 打印柜员.05）

第 1 次打印　　　　　　　　　　　　　　打印时间：2020 年 12 月 09 日 15 时 13 分

表 17-8　　　　　　　　　　　电子缴款凭证

打印日期：2020 年 12 月 09 日　　　　　　　　　　　　　c6da26a2dc6042b789cd8cacff9e52hb

纳税人识别号	91410105689740506A		税务征收机关	国家税务总局郑州市金水区税务局		
纳税人全称	中原纺织机械有限公司		开户银行	中国工商银行郑州和平支行		
			银行账号	680394184-89		
系统税票号	税（费）种	税（品）目	所属时期起	所属时期止	实缴金额	交款日期	备注
410011010883676152	企业职工基本养老保险费	职工基本养老保险（单位缴纳）	2020/11/01	2020/11/30	101 543.22	2020/12/09	
410011010883676152	失业保险费	失业保险（单位缴纳）	2020/11/01	2020/11/30	6 413.26	2020/12/09	
410011010883676152	工伤保险费	工伤保险	2020/11/01	2020/11/30	5344.38	2020/12/09	
金额合计	壹拾壹万叁仟叁佰叁拾元捌角陆分				¥113 300.86		

本缴款凭证仅作为纳税人记账核算凭证使用，电子缴税的，需与银行对账单电子划缴记录核对一致方有效。纳税人如需汇总开具正式完税证明，请凭税务登记证或身份证明到主管税务机关开具。

税务机关（电子章）　（盖章：国家税务总局河南省税务局 电子缴费专用章）

表17-9　　　　　　　　　中国工商银行电子缴税付款凭证

缴税日期：2020年12月09日　　　　　　　　　　　　　　　　　凭证字号：2011010967098546

纳税人全称及纳税人识别号：中原纺织机械有限公司　91410105689740506A
付款人全称：中原纺织机械有限公司
付款人账号：680394184-89　　　　　征收机关名称：国家税务总局郑州市金水区税务局
付款人开户银行：和平支行　　　　　　收款国库（银行）名称：金水区支库
小写（合计）金额：¥1 475.04.00　　　缴款书交易流水号：410011010883676154
大写（合计）金额：人民币壹仟肆佰柒拾伍元零肆分　税票号码：410011010883676154
税（费）种名称　　　　　　　所属日期　　　　　　　　　　　实缴金额
印花税　　　　　　　　　　　20201101 20201130　　　　　　　1 475.04
第1次打印　　　　　　　　　　　　　　　　　　打印时间：2020年12月09日15时16分

表17-10　　　　　　　　　　　电子缴款凭证

打印日期：2020年12月09日　　　　　　　　　　　c6da26a2dc6042b789cd8cacff9e54ua

纳税人识别号	91410105689740506A			税务征收机关		国家税务总局郑州市金水区税务局			
纳税人全称	中原纺织机械有限公司			开户银行		中国工商银行郑州和平支行			
				银行账号		680394184-89			
系统税票号	税（费）种	税（品）目	所属时期起		所属时期止	实缴金额	交款日期	备注	
410011010883676154	印花税	购货合同	2020/11/01		2020/11/30	1 475.04	2020/12/09		
金额合计	壹仟肆佰柒拾伍元零肆分					¥1 475.04			
本缴款凭证仅作为纳税人记账核算凭证使用，电子缴税的，需与银行对账单电子划缴记录核对一致方为有效。纳税人如需汇总开具正式完税证明，请凭税务登记证或身份证明到主管税务机关开具。 税务机关（电子章）									

表 17－11　　　　　　　　　　电子缴款凭证

打印日期：2020 年 12 月 09 日　　　　　　　　　　c6da26a2dc6042b789cd8cacff9e55ac

纳税人识别号	91410105689740506A			税务征收机关	国家税务总局郑州市金水区税务局		
纳税人全称	中原纺织机械有限公司			开户银行	中国工商银行郑州和平支行		
				银行账号	680394184－89		
系统税票号	税（费）种	税（品）目	所属时期起	所属时期止	实缴金额	交款日期	备注
410011010883676155	其他收入	工会经费	2020/11/01	2020/11/30	20865	2020/12/09	
金额合计	贰万零捌佰陆拾伍元整				￥20 865		
本缴款凭证仅作为纳税人记账核算凭证使用，电子缴税的，需与银行对账单电子划缴记录核对一致方有效。纳税人如需汇总开具正式完税证明，请凭税务登记证或身份证明到主管税务机关开具。 税务机关（电子章）							

表 17－12　　　　　　　　　中国工商银行电子缴税付款凭证

转账日期：2020 年 12 月 09 日　　　　　　　　　　　　　　　凭证字号：201101096709854 7

纳税人全称及纳税人识别号：中原纺织机械有限公司　　91410105689740506A
付款人全称：中原纺织机械有限公司
付款人账号：680394184－89　　　　　　征收机关名称：国家税务总局郑州市金水区税务局
付款人开户银行：和平支行　　　　　　　收款国库（银行）名称：金水区支库
小写（合计）金额：￥20 865　　　　　　缴款书交易流水号：410011010883676155
大写（合计）金额：人民币贰万零捌佰陆拾伍元整　税票号码：410011010883676155
税（费）种名称　　　　　　　　所属日期　　　　　　　　　　　　　实缴金额
其他收入　　　　　　　　　　　20201101 20201130　　　　　　　　 20 865

第 1 次打印　　　　　　　　　　　　　　　　　打印时间：2020 年 12 月 09 日 15 时 17 分

表 17-13　　　　　　　　　　中国工商银行电子缴税付款凭证

缴税日期：2020 年 12 月 09 日　　　　　　　　　　　　　　凭证字号：2011010967098548

纳税人全称及纳税人识别号：中原纺织机械有限公司　91410105689740506A	
付款人全称：中原纺织机械有限公司	
付款人账号：680394184-89	征收机关名称：国家税务总局郑州市金水区税务局
付款人开户银行：和平支行	收款国库（银行）名称：金水区支库
小写（合计）金额：¥3 600	缴款书交易流水号：410011010883676156
大写（合计）金额：人民币叁仟陆佰元整　税票号码：410011010883676156	
税（费）种名称　　　　　　　　　　所属日期　　　　　　　　　　实缴金额	
环境保护税　　　　　　　　　　　　20201101 2020113　　　　　　 3 600	
（中国工商银行股份有限公司 郑州市和平支行 业务专用章 2A0D60130251 打印柜员.04）	
第1次打印	打印时间：2020 年 12 月 09 日 15 时 18 分

表 17-14　　　　　　　　　　　电子缴款凭证

打印日期：2020 年 12 月 09 日　　　　　　　　　c6da26a2dc6042b789cd8cacff9e56ab

纳税人识别号	91410105689740506A			税务征收机关		国家税务总局郑州市金水区税务局		
纳税人全称	中原纺织机械有限公司			开户银行		中国工商银行郑州和平支行		
				银行账号		680394184-89		
系统税票号	税（费）种	税（品）目	所属时期起	所属时期止		实缴金额	交款日期	备注
410011010883676156	环境保护税	大气污染物	2020/11/01	2020/11/30		3 600	2020/12/09	
金额合计	叁仟陆佰元整					¥3 600		
本缴款凭证仅作为纳税人记账核算凭证使用，电子缴税的，需与银行对账单电子划缴记录核对一致方有效。纳税人如需汇总开具正式完税证明，请凭税务登记证或身份证明到主管税务机关开具。 　税务机关（电子章）　（国家税务总局河南省税务局 电子缴费专用章）								

表 17－15　　　　　　　　　中国工商银行电子缴税付款凭证

转账日期：2020 年 12 月 09 日　　　　　　　　　　　　　　　凭证字号：201101096 7098545

纳税人全称及纳税人识别号：中原纺织机械有限公司　　91410105689740506A	
付款人全称：中原纺织机械有限公司	
付款人账号：680394184－89	征收机关名称：国家税务总局郑州市金水区税务局
付款人开户银行：和平支行	收款国库（银行）名称：金水区支库
小写（合计）金额：￥47 030.54	缴款书交易流水号：410011010883676153
大写（合计）金额：人民币肆万柒仟零叁拾元伍角肆分　　税票号码：410011010883676153	
税（费）种名称　　　　　　　　　　　所属日期　　　　　　　　　　　　实缴金额	
基本医疗保险费　　　　　　　　　　　20201101 20201130　　　　　　　　42 755.04	
生育保险费　　　　　　　　　　　　　20201101 20201130　　　　　　　　4 275.50	
第 1 次打印　　　　　　　　　　　　　　　　　　　　　打印时间：2020 年 12 月 09 日 15 时 15 分	

表 17－16　　　　　　　　　　　　电子缴款凭证

打印日期：2020 年 12 月 09 日　　　　　　　　　　　c6da26a2dc6042b789cd8cacff9e53cd

纳税人识别号	91410105689740506A			税务征收机关		国家税务总局郑州市金水区税务局		
纳税人全称	中原纺织机械有限公司			开户银行		中国工商银行郑州和平支行		
				银行账号		680394184－89		
系统税票号	税（费）种	税（品）目	所属时期起	所属时期止		实缴金额	交款日期	备注
410011010883676153	基本医疗保险费	职工基本医疗保险（单位缴纳）	2020/11/01	2020/11/30		42 755.04	2020/12/09	
410011010883676153	生育保险费	生育保险	2020/11/01	2020/11/30		4 275.50	2020/12/09	
金额合计	肆万柒仟零叁拾元伍角肆分					￥47 030.54		
本缴款凭证仅作为纳税人记账核算凭证使用，电子缴税的，需与银行对账单电子划缴记录核对一致方有效。纳税人如需汇总开具正式完税证明，请凭税务登记证或身份证明到主管税务机关开具。 税务机关（电子章）								

第三部分 日常业务处理

业务指导：

税款、工会经费（缴税付款凭证上是"其他收入"）、社保费等都由税务机关负责征收，在"电子税务局"平台统一缴纳。企业应先在"航天金穗网"上下载"电子税务局"，之后在网上办理业务、缴纳。根据期初余额，本月缴纳税费、缴纳社保做分录，尤其社保分单位负担、个人负担情况，做账要理清，社保费的所属期是缴纳当月。

工作程序：

（1）负责综合岗位会计王霏审核原始凭证，并根据审核无误的原始凭证填制记账凭证。

（2）财务负责人李华审核记账凭证。

（3）会计王霏根据记账凭证登记"应交税费—未交增值税"、"应交税费—应交所得税"、"应交税费—应交城市维护建设税"、"应交税费—应交教育费附加"、"应交税费—应交地方教育费附加"、"应付职工薪酬—工会经费和职工教育经费—工会经费"、"应付职工薪酬—设定提存计划—养老保险"、"应付职工薪酬—社会保险费—医疗保险"、"应付职工薪酬—设定提存计划—失业保险"、"应付职工薪酬—社会保险费—工伤保险"、"应付职工薪酬—社会保险费——生育保险"、"应交税费—应交印花税"、"应交税费—应交环保税"、等明细账。

（4）出纳员王静根据记账凭证登记"银行存款"日记账。

（5）社保费用通常先由公司支付，发工资时候再从职工工资中扣除。

业务18. 相关原始凭证见表18-1至表18-6。

表18-1　　　　　北京增值税专用发票　　　　　No 60792471

开票日期：2020年12月9日

购货方	名称：中原纺织机械有限公司 纳税人识别号：9140105689740506A 地址、电话：郑州市南阳路290号 63585788 开户行及账号：工行和平支行 68039484-89	密码区

货物或应税劳务名称	规格型号	单位	数量	单价	金额	税率	税额
*通用设备*铣床		台	1	384 000	384 000	13%	49 920
合　计					¥384 000		¥49 920

价税合计（大写）　肆拾叁万叁仟玖佰贰拾元整　　　　（小写）¥433 920

销货方	名称：北京长城机械有限公司 纳税人识别号：91110104453612588M 地址、电话：北京市中华路188号 78956238 开户行及账号：工行中华分行 54620458-47	备注

收款人：庄明　　　复核：孙华楠　　　开票人：庄明　　　销货单位：（章）

表 18-2

1100073140

北京增值税专用发票

发票联

No 60792471

1100073140
60792471

开票日期：2020 年 12 月 9 日

购货方	名称：中原纺织机械有限公司 纳税人识别号：9141010568974O506A 地址、电话：郑州市南阳路 290 号 63585788 开户行及账号：工行和平支行 68039184-89	密码区	0396852597 > < 40//2/06 < 354 + 851 * < 3572075 + > 95 - > 89 > *774 + > - + 110 < *58 < 8 * 5034545 + 5778988882 + 243/ + - 64 - > * * < 3501 + 01 > 303031 +/61 < / -5

货物或应税劳务名称	规格型号	单位	数量	单价	金额	税率	税额
*通用设备*铣床		台	1	384 000	384 000	13%	49 920
合计					￥384 000		￥49 920

价税合计（大写）	肆拾叁万叁仟玖佰贰拾元整	（小写）￥433 920

销货方	名称：北京长城机械有限公司 纳税人识别号：91110104453612588M 地址、电话：北京市中华路 188 号 78956238 开户行及账号：工行中华分行 54620458-47	备注	北京长城机械有限公司 91110104453612588M 发票专用章

收款人：庄明　　复核：孙华楠　　开票人：庄明　　销货单位：（章）

表 18-3

1100141730

北京增值税专用发票

抵扣联

No 00085020

1100141730
00085020

开票日期：2020 年 12 月 9 日

购买方	名称：中原纺织机械有限公司 纳税人识别号：9141010568974O506A 地址、电话：郑州市南阳路 290 号 开户行及账号：工行和平支行 68039184-89	密码区	0396852597 > < 40//2/06 < 354 + 8510303162075 + > 95 - > 89 > *774 + > - + 110 < *58 < 8 *5034545 + 5778988882 + 243/ + -97 - > * * < 3501 + 01 > 303031 +/61 + < / -3

货物或应税劳务名称	规格型号	单位	数量	单价	金额	税率	税额
*交通运输服务 *货物运输服务		台	1	1 100	1 100	9%	99
合计					￥1 100		￥99

价税合计（大写）	壹仟壹佰玖拾玖元整	（小写）￥1 199

销售方	名称：北京宏远运输公司 纳税人识别号：91110219325534558N 地址、电话：北京市朝阳区大旺路 5 号 9837622 开户行及账号：工行中华分行 54620458-74	备注	运输货物：铣床 北京到河南郑州 北京宏远运输公司 91110219325534558N 发票专用章

收款人：陈俊　　复核：范红想　　开票人：陈俊　　销货单位：（章）

表 18-4　　　　　　　　　　北京增值税专用发票　　　　　　　No 04416663

4100163320　　　　　　　　　　　　　　　　　　　　　　　　　4100163320
　　　　　　　　　　　　　　　　　　　　　　　　　　　　　　04416663
　　　　　　　　　　　　　　　　　　　　　　　　　　开票日期：2020 年 12 月 9 日

购买方	名　　称	中原纺织机械有限公司	密码区	0396852597 > <40//2/06 <354 +8510303162075 + > 95 - >89 > *774 + > - +110 < *58 <8 *5034545 +5778988882 +243/ + -97 - > * * <3501 +01 > 303031 + /61 < / -3
	纳税人识别号：	9141010568974050 6 A		
	地　址、电　话：	郑州市南阳路 290 号		
	开户行及账号：	工行和平支行 68039484 -89		

货物或应税劳务名称	规格型号	单位	数量	单价	金额	税率	税额
* 交通运输服务 * 货物运输服务		台	1	1 100	1 100	9%	99
合　　计					￥1 100		￥99

价税合计（大写）	壹仟壹佰玖拾玖元整	（小写）￥1 199

销售方	名　　称	北京宏远运输公司	备注	运输货物：铣床 北京到河南郑州
	纳税人识别号：	91110219325534558 N		
	地　址、电　话：	北京市朝阳区大旺路 55 号　9837622		
	开户行及账号：	工行中华分行 545620458 -74		

收款人：陈俊　　复核：范红想　　开票人：陈俊　　销货单位：（章）

第三联：发票联　购买方记账凭证

表 18-5

　　中国工商银行　网上银行电子回单

电子回单号码：0031 -9252 -9826 -1112

付款人	户名	中原纺织机械有限公司	收款人	户名	北京长城机械有限公司
	账号	680394184 -89		账号	545620458 -47
	开户银行	郑州工行和平支行		开户银行	工行中华支行
金额		人民币（大写）肆拾叁万壹仟壹佰玖拾元整			￥435 119
摘要		货款及代垫运费	业务种类		汇划发报
用途		转账			
交易流水号		78856850	时间戳		2020 -12 -09 -13.40.31.384299
	备注： 用途：支付货款及代垫运费 汇出行：0170200268 汇出行名称：工行河南省分行账务处理中心 汇入行：0170702563 指令编号：HQP2505688610 提交人：HB001.c.1702 最终授权人： 验证码：YeToraAemPRErvDV0E1/b6TWjdfg =				
记账网点	17200268	记账柜员	0012	记账日期	2020 年 12 月 09 日

如需校验回单，请点击：回单验证　　　　　　　　　　　　　　　打印日期：2020 年 12 月 09 日

重要提示：本回单不作为收款方发货依据，并请勿重复记账

表 18-6　　　　　　　　　　中原纺织机械有限公司固定资产卡片
使用单位：机一分厂　　　　　　　　　2020 年 12 月 9 日　　　　　　　　　编号：0105

名称		铣床	原始价值	385 100	备注	
单位		台	使用年限（工作量）	120（月）	生产用	
数量		1	折旧方法	平均年限法		
			预计残值	15 404		

业务指导：
购入不需要安装设备应先计算设备的入账价值，然后通过"固定资产"账户进行核算。

业务 19. 相关原始凭证见表 19-1 至表 19-9。

表 19-1　　　　　　　　　　　　领　料　单
编　　号：120201
领料部门：机修分厂　　　　　　　2020 年 12 月 10 日　　　　　　　　类别：原料及主要材料

编号	材料名称及规格	计量单位	数　量		单价	金额
			请发	实发		
	圆钢	吨	0.5	0.5	3 400	1 700
	不锈钢板	吨	0.4	0.4	19 000	7 600
	角钢	吨	0.2	0.2	3 250	650
	合　计					9 950
用途	生产用	领料部门		发料部门		
		负责人	领料人	负责人	发料人	
			刘敏		苏雨	

表 19-2　　　　　　　　　　　　领　料　单
编　　号：120202
领料部门：机修分厂　　　　　　　2020 年 12 月 10 日　　　　　　　　类别：辅助材料

编号	材料名称及规格	计量单位	数　量		单价	金额
			请发	实发		
	修理用备件	件	3	3	60.07	180.21
	合　计					180.21
用途	生产用	领料部门		发料部门		
		负责人	领料人	负责人	发料人	
			刘敏		全鑫刚	

业务指导：
根据上述原始凭证编制记账凭证，需增设"生产成本—辅助生产成本—机修分厂"明细分类账。下同。

表 19-3

领 料 单

编　　号：120102

领料部门：动能分厂　　　　　　　　2020 年 12 月 10 日　　　　　　　　　　类别：燃料

编号	材料名称及规格	计量单位	数量		单价	金额
			请发	实发		
	柴油	升	150	150	6	900
	木材	m³	0.5	0.5	1 450	725
	煤	吨	53	53	600	31 800
	合　　计					33 425
用途	生产用	领料部门			发料部门	
		负责人	领料人		负责人	发料人
			吴军			秦刚

表 19-4

领 料 单

编　　号：120103

领料部门：动能分厂　　　　　　　　2020 年 12 月 10 日　　　　　　　　　类别：辅助材料

编号	材料名称及规格	计量单位	数量		单价	金额
			请发	实发		
	包装材料		4	4	286.18	1 144.72
	合　　计					1 144.72
用途	生产用	领料部门			发料部门	
		负责人	领料人		负责人	发料人
			吴军			秦刚

表 19-5

领 料 单

编　　号：120601

领料部门：装配分厂　　　　　　　　2020 年 12 月 10 日　　　　　　　　　类别：外购配件

编号	材料名称及规格	计量单位	数量		单价	金额
			请发	实发		
	电子元器件	件	4	4	8 927	35 708
	标准件	件	60	60	200	12 000
	液压件	件	16	16	722	11 552
	合　　计					59 260
用途	装配成卷机	领料部门			发料部门	
		负责人	领料人		负责人	发料人
			贾敏			秦刚

表 19-6　　　　　　　　　　　　　　　领　料　单

编　号：120602
领料部门：装配分厂　　　　　　　　2020 年 12 月 10 日　　　　　　　　　　类别：外购配件

编号	材料名称及规格	计量单位	数量		单价	金额
			请发	实发		
	电子元器件	件	3	3	8 927	26 781
	标准件	件	120	120	200	24 000
	液压件	件	30	30	722	21 660
	合　计					72 441
用途	装配混棉机		领料部门		发料部门	
			负责人	领料人	负责人	发料人
				贾敏		秦刚

表 19-7　　　　　　　　　　　　　　　领　料　单

编　号：120604
领料部门：装配分厂　　　　　　　　2020 年 12 月 10 日　　　　　　　　　　类别：辅助材料

编号	材料名称及规格	计量单位	数量		单价	金额
			请发	实发		
	油漆	公斤	140	140	12.5	1 250
	消耗材料	公斤	50	50	15	750
	合　计					2 500
用途	生产耗用		领料部门		发料部门	
			负责人	领料人	负责人	发料人
				贾敏		秦刚

表 19-8　　　　　　　装配分厂领用辅助材料消耗定额　　　　　　　　　　单位：元

成卷机	混棉机
55	45

表 19-9　　　　　　　　　　　　　　材料费用分配表

单位：装配分厂　　　　　　　　　　2020 年 12 月 10 日　　　　　　　　　　单位：元

产品名称	分配标准	分配率	分配金额
成卷机			
混棉机			
合　计			

业务指导：装配分厂领用辅助材料属于共同耗用材料，一般月终按一定的标准在各产品之间进行分配，本实训为简化核算，在此采用消耗定额比例进行分配。

业务20. 相关原始凭证见表20-1。

表20-1　　　　　　　　　　　入　库　单

自制半成品系（类）　　　　　2020年12月10日　　　　　　编号：330301

半成品名称	规格	单位	数量 应收	数量 实收	实际单价	金额 十万千百十元角分
铁锭件		吨		20		
铝锭件		吨		6		
合　计						

第二联　记账

经手人：刘祥　　　　　　　　　　　　　　　　　　　　　　　制单：孔祥军

> **业务指导：** 自制半成品因需要核算生产成本，待生产成本计算出来以后才能结转确定金额，所以，只登记自制半成品数量。

业务21. 相关原始凭证见表21-1至表21-3。

表21-1　　　　　　河南增值税电子普通发票　　　　　　No 35202437

4100162326

此联不作报销、扣税凭证使用

4100162326
35202437

开票日期：2020年12月10日

购货方	名　　称：中原昌隆达机械有限公司 纳税人识别号：9141030027354727 地　址、电话：郑州中原路路90号 6756342 开户行及账号：工行化工路支行 78239674-25	密码区	0396852597 > <40//2/06 <354 +8510303162075 + > 95 - >89 > *774 + > - +110 < *58 <8 *5034545 + 5778988882 + 243/ + - 97 - > * * <3501 + 01 > 303031 +/61 < /-3

货物或应税劳务、服务名称	规格型号	单位	数量	单价	金额	税率	税额
*劳务*加工服务		件	3	1 000	3 000	13%	390
合　计					￥3 000		￥390

价税合计（大写）	叁仟叁佰玖拾元整	（小写）￥3 390

销货方	名　　称：中原纺织机械有限公司 纳税人识别号：9141010568974050 6A 地　址、电话：郑州市南阳路290号 63585778 开户行及账号：工行和平支行 68039184-89	备注	中原纺织机械有限公司 9141010568974050 6A 发票专用章

第一联：记账联　销售方记账凭证

收款人：凡飞强　　　复核：赵卫红　　　开票人：凡飞强

销货单位：（章）

第三部分 日常业务处理

表 21-2   浙江增值税电子普通发票   发票代码：041002000111

机器编号：589911063550

发票号码：98676231
开票日期：2020 年 12 月 10 日
校验码：01043 12249 18343 16431

购买方	名称	中原纺织机械有限公司	密码区	03＞＜＊3＞＜＊2435＊5//6＋729－15－＊0＊56/＞779692＋23786＊9597＋6＊216＞＊42/08＜83＞936＊0953＜2023/0＞68/7/1－066/01＋89－198/744＊0248
	纳税人识别号	9140105689740506A		
	地址、电话	郑州市南阳路290号 63585788		
	开户行及账号	工行和平支行 68039484-89		

货物或应税劳务、服务名称	规格型号	单位	数量	单价	金额	税率	税额
＊信息技术服务 ＊软件服务费		月	1	116.06	116.06	6%	6.96
合 计					￥116.06		￥6.96

价税合计（大写）	壹佰贰拾叁元零贰分	（小写）￥123.02

销售方	名称	浙江天猫技术有限公司	备注	
	纳税人识别号	91330100563015652A		
	地址、电话	浙江省杭州余杭区五常西路969号 0571-85022087		
	开户行及账号	招商银行杭州高新支行 571906593810899		

收款人：丁瑞玲   复核：杨秀云   开票人：李鹏   销售方：（章）

表 21-3

中国工商银行 网上银行电子回单

电子回单号码：0031-9252-9826-1120

付款人	户名	浙江天猫技术有限公司	收款人	户名	中原纺织机械有限公司
	账号	571906593810899		账号	680394184-89
	开户银行	招商银行杭州高新支行		开户银行	工行郑州和平支行
金额	人民币（大写）叁仟贰佰陆拾陆元玖角捌分				￥3266.98
摘要	加工费		业务种类	汇划发报	
用途	转账				
交易流水号	78856858		时间戳	2020-12-10-11.42.30.384307	
	备注： 用途：加工费 汇出行：0140523586 汇出行名称：招商银行杭州高新支行 汇入行：0170200268 指令编号：HQP25056888629 提交人：HB001.c.1542 最终授权人： 验证码：YeToraAemPRErvDV0E1/b6TWjtyu=				
记账网点	17200268	记账柜员	0012	记账日期	2020 年 12 月 10 日

如需校验回单，请点击：回单验证   打印日期：2020 年 12 月 10 日
重要提示：本回单不作为收款方发货依据，并请勿重复记账

业务指导： 公司通过网上获取业务，为其他单位提供加工业务，作为"主营业务收入"入账，网络平台扣的款，作为"销售费用"。

工作程序：

（1）负责综合岗位会计王霏审核原始凭证，并根据审核无误的原始凭证填制记账凭证。

（2）财务负责人李华审核记账凭证。

（3）会计王霏根据记账凭证登记"主要业务收入"明细账、"应交税费——应交增值税（销项税额）"明细账，"销售费用"明细账。

（4）出纳员王静根据记账凭证登记"银行存款"日记账。

业务22. 相关原始凭证见表22-1、表22-2。

表22-1

中原纺织机械有限公司办公会决议

公司于2020年11月30日召开办公会议，公司高层管理人员出席了会议。经与会领导审议，批准了公司关于向中国工商银行河南省郑州市和平分行申请流动资金借款的议案。

现决定向中国工商银行河南省郑州市和平分行申请借款20万元人民币，用于公司的生产经营，期限6个月。

……

中原纺织机械有限公司 总经理办公室
二〇二〇年十一月三十日

表22-2　　　　　　　　　中国工商银行授信业务回单

流水号 9768040050063	交易日期：2020年12月10日 18：12：24
交易名称：一般贷款入账	
借据号 7863212800301	合同编号：78632128003
借款单位名称：中原纺织机械有限公司	
借款单位结算账号　680394184-89	贷款账号：7863003008
收款单位名称：中原纺织机械有限公司	收款单位收款账号：680394184-89
起息日：	贷款到期日：2021年05月09日
执行年利率：6.52	罚息浮动比率：30
借款金额：200000	币种：人民币
结息周期：按月结息	利率调整方式：固定不变
	（银行盖章）
经办柜员 7685004	
提示：本联做付款单位回单	

（银行盖章：中国工商银行股份有限公司 郑州市和平支行 业务专用章 3D1A60134502 打印柜员.04）

业务指导：第一张凭证是公司决定贷款的决议，是办理银行借款的必经程序，需要单独保管；第二张是银行授信业务回单，凭证上的"交易名称"、"交易日期"和"贷款到期日"表明，这笔借款是属于短期借款，凭证上由银行加盖的"业务专用章"，表示款项已划入公司银行存款账户中。

工作程序：

（1）负责综合岗位会计王霏审核原始凭证，并根据审核无误的原始凭证填制记账凭证。

（2）送交财务负责人李华审核。

（3）根据审核后的记账凭证，会计王霏登记"短期借款"明细账。

（4）出纳员王静登记"银行存款"日记账。

业务23. 相关原始凭证见表23－1至表23－4。

表23－1 河南增值税专用发票 No 35392437

4100176320

4100176320
35392437
开票日期：2020年12月11日

购买方	名称：	中原纺织机械有限公司	密码区	0396852597＞＜40//2/06＜354＋8510303162075＋＞95－＞89＞*774＋＞－＋110＜*58＜8*5034545＋5778988882＋243/＋－97－＞**＜3501＋01＞303031＋/61＋＜/－3
	纳税人识别号：	9141010568974050611		
	地址、电话：	郑州市南阳路290号 63585788		
	开户行及账号：	工行和平支行 68039184－89		

货物或应税劳务、服务名称	规格型号	单位	数量	单价	金额	税率	税额
*劳务*建筑服务		栋	1	183 486.24	183 486.24	9%	16 513.76
合 计					￥183 486.24		￥16 513.76

价税合计（大写）	贰拾万元整		（小写）￥200 000

销售方	名称：	河南省中原建筑工程公司	备注	河南省中原建筑工程公司 91410767890041289P 发票专用章
	纳税人识别号：	91410767890041289P		
	地址、电话：	郑州市中原路215号 67532867		
	开户行及账号：	建行中原支行 392679018－39		

收款人：张前进　　复核：孙育静　　开票人：张前进　　销售方：（章）

第二联：抵扣联　购买方扣税凭证

表 23-2

河南增值税专用发票

No 35392437

4100176320
35392437

4100176320

开票日期：2020 年 12 月 11 日

购买方	名　　称	中原纺织机械有限公司	密码区	0396852597 > < 40//2/06 < 354 + 8510303162075 + > 95 - > 89 > * 774 + > - 110 < * 58 < 8 * 5034545 + 5778988882 + 243/ + - 97 - > * < 3501 + 01 > 303031 + /61 + < / - 3
	纳税人识别号：	9141010568974050610A		
	地址、电话：	郑州市南阳路 290 号 63585788		
	开户行及账号：	工行和平支行 68039484 - 89		

货物或应税劳务、服务名称	规格型号	单位	数量	单价	金额	税率	税额
*劳务*建筑服务		栋	1	183 486.24	183 486.24	9%	16 513.76
合　计					￥183 486.24		￥16 513.76

价税合计（大写）	贰拾万元整		(小写) ￥200 000

销售方	名　　称	河南省中原建筑工程公司	备注	河南省中原建筑工程公司 91410767890041289P 发票专用章
	纳税人识别号：	91410767890041289P		
	地址、电话：	郑州市中原路 215 号 67532867		
	开户行及账号：	建行中原支行 392679018 - 39		

收款人：张前进　　复核：孙宵静　　开票人：张前进　　销售方：（章）

第三联：发票联　购买方记账凭证

表 23-3

中国工商银行 转账支票存根

10204122
12345678

附加信息 _____

出票日期 2020 年 12 月 11 日

收款人：河南省中原建筑工程公司

金　额：￥200 000

用　途：工程款

单位主管　　会计

中国工商银行　转账支票

10204122
12345678

出票日期（大写）贰零贰零年壹拾贰月壹拾壹日　付款行名称：工商银行和平支行

收款人：河南省中原建筑工程公司　　出票人账号：68039484 - 89

人民币（大写）	贰拾万元整	亿	千	百	十	万	千	百	十	元	角	分
				￥	2	0	0	0	0	0	0	0

付款期限自出票之日起十天

用途：工程款

上列款项请从我账户支付

出票人签章　　复核　　记账

密码 1234567890123456
行号 1020412212345678

表23-4　　　ICBC　中国工商银行　　　进账单（回单）2

2020年12月11日

出票人	全称	中原纺织机械有限公司	收款人	全称	河南省中原建筑工程公司	此联是开户银行交给持（出）票人的回单
	账号	68039484-89		账号	392679018-39	
	开户银行	工行和平支行		开户银行	建行中原支行	

金额	人民币（大写）	贰拾万元整	亿 千 百 十 万 千 百 十 元 角 分
			¥ 2 0 0 0 0 0 0 0

票据种类	转支	票据张数	壹张
票据号码			
备注：			

中国工商银行郑州和平支行
2020.12.11
转讫

复核：　　　记账：

业务指导：工程款应通过"在建工程"账户核算。

业务24. 相关原始凭证见表24-1。

表24-1

中国工商银行　网上银行电子回单

电子回单号码：0031-9252-9826-1126

付款人	户名	中原纺织机械有限公司	收款人	户名	
	账号	680394184-89		账号	
	开户银行	郑州工行和平支行		开户银行	
金额		人民币（大写）壹佰伍拾元整		¥150	
摘要		电汇手续费	业务种类	汇划发报	
用途		转账			
交易流水号		78856864	时间戳	2020-12-12 17.42.33.384316	

	备注： 用途：电汇手续费 汇出行：170200268 汇出行名称：工行河南省分行账务处理中心 汇入行： 指令编号：HQP2505688634 提交人：HB001.c.1702 最终授权人： 验证码：YeToraAemPRErvDV0E1/b6TWjwer =

记账网点	17200268	记账柜员	0012	记账日期	2020年12月12日

如需校验回单，请点击：回单验证　　　　　　　　　　　　打印日期：2020年12月12日

重要提示：本回单不作为收款方发货依据，并请勿重复记账。

业务指导： 银行扣划手续费直接从银行账户划转。综合岗位会计王霏根据上述原始凭证编制记账凭证，需增设"财务费用"总账及明细分类账。

业务25. 相关原始凭证见表25-1。

表25-1

 中 国 工 商 银 行　网上银行电子回单

电子回单号码：0031-9252-9826-1131

付款人	户名	中原纺织机械有限公司	收款人	户名	
	账号	680394184-89		账号	
	开户银行	郑州工行和平支行		开户银行	
金额		人民币（大写）肆拾元整		￥40	
摘要		支票工本费	业务种类	汇划发报	
用途		转账			
交易流水号		78856864	时间戳	2020-12-12-14.45.39.384320	
（中国工商银行电子回单专用章）		备注： 用途：支票工本费 汇出行：0170200268 汇出行名称：工行河南省分行账务处理中心 汇入行： 指令编号：HQP2505688644 提交人：HB001. c. 1702 最终授权人：			
		验证码：YeToraAemPRErvDV0E1/b6TWjwer=			
记账网点		17200268	记账柜员	0012	记账日期	2020年12月12日

如需校验回单，请点击：回单验证　　　　　　　　　　　　　　　打印日期：2020年12月12日

重要提示：本回单不作为收款方发货依据，并请勿重复记账

业务指导： 公司购现金支票工本费应通过"管理费用"账户核算。

业务26. 相关原始凭证见表26-1至表26-5。

表26-1　　　　　　　　　　　固定资产报废审批单
2020年12月12日

固定资产名称及编号	规格型号	单位	数量	预计使用年限（工作量）	已使用年限（工作量）	原始价值	已提折旧额
机器设备2010203	镗床	台	1	120（月）	24（月）	57 000	10 944
固定资产状况及报废原因	超负荷运转，主体损坏。						
处理意见	使用部门		技术小组签定		固定资产管理部门		主管部门审批
	机一分厂申请报废		同意报废		同意		同意

公司负责人：张军生　　　　使用部门：李伟　　　　管理部门负责人：李华　　　　制表：张阳

表26-2

公司领导：

　　机一分厂机器设备镗床因超负荷运转，主体损坏无生产能力而报废，发生固定资产净损失4 2231.22元，特申请转入营业外支出，请批示。

财务部：李华
（财务专用章　中原纺织机械有限公司）
2020年12月12日

　　同意。
　　张军生
　　2020.12.12

表26-3

 中 国 工 商 银 行　网上银行电子回单

电子回单号码：0031-9252-9826-1135

付款人	户名	郑州市废品公司	收款人	户名	中原纺织机械有限公司
	账号	27682086-55		账号	680394184-89
	开户银行	工行紫金山支行		开户银行	郑州工行和平支行
金额		人民币（大写）伍仟元整			￥5 000
摘要		废品收入	业务种类		汇划发报
用途		转账			
交易流水号		78856875	时间戳		2020-12-12-16.43.32.383589
备注：		用途：废品收入 汇出行：01707002798 汇出行名称：工行河南省分行账务处理中心 汇入行：0170200268 指令编号：HQP2505688599 提交人：HB001.c.1702 最终授权人： 验证码：YeToraAemPRErvDV0E1/b6TWjdfg =			
记账网点		17200268	记账柜员	0012	记账日期	2020年12月12日

如需校验回单，请点击：回单验证　　　　　　　　　　　　　打印日期：2020年12月12日
重要提示：本回单不作为收款方发货依据，并请勿重复记账

表26-4 　　　河南增值税普通发票　　　No 04832053

4100163320　　　　　　　　　　　　　　　　　　　　　　4100163320
　　　　　　　　　　　　　　　　　　　　　　　　　　　　04832053
　　　　　　　　　　　　　　　　　　　　　　　开票日期：2020年12月12日

购买方	名　　称：	郑州市废品公司	密码区	0396852597 > <40//2/06 <354+851 <8*5034545 +5778988882+243/+--> **<3501+01> 303031+/61+</-2075+>95->89>*774+ >-+110<*5801>30303697
	纳税人识别号：	91410105740506689 2		
	地　址、电话：	郑州市南阳路290号　63585788		
	开户行及账号：	工行紫金山支行 27682086-55		

货物或应税劳务、服务名称	规格型号	单位	数量	单价	金额	税率	税额
*其他机械设备 *机器设备	镗床	台	1	4 424.79	4 424.78	13%	575.22
合　计					￥4 424.78		￥575.22

价税合计（大写）	伍仟元整		（小写）￥5 000

销售方	名　　称：	中原纺织机械有限公司	备注	中原纺织机械有限公司 91410105689740506A 发票专用章
	纳税人识别号：	91410105689740506A		
	地　址、电话：	郑州市南阳路290号 63585788		
	开户行及账号：	工行和平支行 68039484-89		

收款人：范会力　　　复核：刘栓慈　　　开票人：范会力　　　销售方：（章）

第一联：记账联　销售方记账凭证

表26-5 付款单

2020年12月12日

收款单位		收款人姓名	易明
付款事由	废品清理费	现金付讫	￥600
付款金额人民币（大写）：	陆佰元整		
部门负责人审批意见：同意 孙思奇		主管部门负责人审批意见：同意 张军生	

> **业务指导**：公司报废和出售固定资产时，应将固定资产账面净值转入"固定资产清理"账户；清理净收益列作"营业外收入"，净损失列作"营业外支出"。根据上述原始凭证编制记账凭证，需增设"营业外支出"明细账。

业务27. 相关原始凭证见表27-1至表27-3。

表27-1 河南增值税专用发票

No 36392437
4100166320
36392437

此联不作报销、扣税凭证使用

开票日期：2020年12月13日

购买方	名　　称：华中棉纺有限公司 纳税人识别号：9105441835764S292R 地址、电话：武汉市友谊路36号 8728555 开户行及账号：工行友谊分行 86282235-59	密码区	0396852597 > < 40//2/06 < 354 + 8510303162075 + > 95 - > 89 > * 774 + > - + 110 < * 58 < 8 * 5034545 + 5778988882 + 243/ + -97 - > * * < 3501 + 01 > 303031 + /61 < / -3

货物或应税劳务、服务名称	规格型号	单位	数量	单价	金额	税率	税额
*纺织机械*成卷机		台	4	216 000	864 000	13%	112 320
*纺织机械*混棉机		台	6	203 000	1 218 000	13%	158 340
合　计					￥2 082 000		￥270 660

价税合计（大写）	贰佰叁拾伍万贰仟陆佰陆拾元整	（小写）￥2 352 660

销售方	名　　称：中原纺织机械有限公司 纳税人识别号：91410105689740506A 地址、电话：郑州市南阳路290号 63585788 开户行及账号：工行和平支行 68039484-89	备注	中原纺织机械有限公司 91410105689740506A 发票专用章

收款人：刘娟　　复核：孟圆圆　　开票人：刘娟　　销售方：（章）

第一联：记账联 销售方记账凭证

表 27-2 出 库 单

发货仓库：仓库　　　　　　　　　　　　　　　　　　　　　编　号：668002
提货单位：华中棉纺有限公司　　　　　　　　　　　　　　　2020 年 12 月 13 日

类别	编号	名称型号	单位	应发数量	实发数量	单位成本	金额
产品		成卷机	台	4	4		
		混棉机	台	6	6		
		合　计					

第三联　财务记账

负责人：丁俊　　　　　　　保管：黄云　　　　　　　制单：王丽

表 27-3

电子商业汇票系统
Electronic Commercial Draft System

电子银行承兑汇票

出票日期　2020-12-13　　　　　　　　　　票据状态　正常
汇票到期日　2021-05-13　　　　　　　　　票据号码　0269888

付款人	全称	华中棉纺有限公司	收款人	全称	中原纺织机械有限公司
	账号	86282235-59		账号	68039484-89
	开户银行	工行武汉友谊支行		开户银行	工行中原和平支行

出票保证信	

票据金额	人民币（大写）	贰佰叁拾伍万贰仟陆佰陆拾元整	千	百	十	万	千	百	十	元	角	分
		¥		2	3	5	2	6	6	0	0	0

承兑人信息	全称	工行武汉友谊支行	开户行号	34256
	账号		开户行名称	工行武汉友谊支行

交易合同号		承兑信息	出票人承诺：本汇票请予以承兑，到期无条件付款。
能否转让	可转让		承兑人承兑：本汇票已经承兑，到期无条件付款 承兑日期 2020-12-13

承兑保证信息	

评级信息（由出票人、承兑人自己记载，仅供参考）	出票人	评级主体：	信誉等级：	评级到期日：
	承兑人	评级主体：	信誉等级：	评级到期日：

第三部分 日常业务处理

业务指导： 公司销售商品取得华中棉纺有限公司交给本单位的商业承兑汇票，说明未收到货款，应通过"应收票据"核算。

电子银行承兑汇票具有全国流通性，可以背书转让，为了方便、安全起见，按规定都是特定人网上处理，从网上下载票据，没有印鉴，审查时应注意。

工作程序：

（1）综合岗位会计王霏审核原始凭证，并根据审核无误的原始凭证填制记账凭证。

（2）财务负责人李华审核记账凭证。

（3）综合岗位会计王霏根据记账凭证登记"应收票据"、"主营业务收入"、"应交税费—应交增值税"等明细账。

业务28. 相关原始凭证见表28-1至表28-3。

表28-1

中国工商银行转账支票存根 10204122 12345678	中国工商银行 转账支票 10204122 12345678
附加信息 ———— ———— ————	出票日期（大写）贰零贰零年壹拾贰月壹拾叁日　付款行名称：工行和平支行 收款人：河南省电信有限公司　　出票人账号：68039484-89 人民币（大写）壹仟壹佰伍拾元整　　　¥115000 用途：支付通讯费　　密码 1234567890123456 上列款项请从我账户支付　　行号 1020412212345678 出票人签章（张印军）　中原纺织机械有限公司财务专用章 复核　　　记账
出票日期 2020年12月13日	
收款人：河南省电信有限公司	
金额：¥1 150	
用途：通讯费	
单位主管　　会计	

表28-2　　ICBC 中国工商银行　　进账单（回单）2

2020年12月13日

出票人	全称	中原纺织机械有限公司	收款人	全称	河南省电信有限公司	此联是开户银行交给持（出）票人的回单
	账号	68039484-89		账号	387629763-97	
	开户银行	工行和平支行		开户银行	建行黄河支行	
金额	人民币（大写）壹仟壹佰伍拾元整				¥115000	
票据种类	转支	票据张数	壹张	中国工商银行郑州和平支行 2020.12.14 转讫		
票据号码						
备注				复核　　　记账		

117

表28-3　　　　　　　　　　　河南增值税普通发票　　　　　　　　　No 04832035

4100167320

4100167320
04832035
开票日期：2020年12月13日

| 购买方 | 名　　　称：中原纺织机械有限公司
纳税人识别号：91410105689740506A
地址、电话：郑州市南阳路290号 63585788
开户行及账号：工行和平支行 68039484-89 | 密码区 | 0396852597 > <40//2/06 <354 + 851 < 8 * 5034545
+ 5778988882 + 243/ + - - > * * <3501 + 01 >
303031 +/61 + </ - 2075 + >95 - >89 > * 774 +
> - + 110 < *5801 >30303697 |

货物或应税劳务、服务名称	规格型号	单位	数量	单价	金额	税率	税额
*电信服务 *基础电信服务		月	1	1 055.05	1 055.05	9%	94.95
合　　计					￥1 055.05		￥94.95

价税合计（大写）：壹仟壹佰伍拾元整　　　　　　　　　　　　　（小写）￥1 150

| 销售方 | 名　　　称：河南省电信有限公司
纳税人识别号：91410118777997241S
地址、电话：郑州市黄河路32号 67482900
开户行及账号：建行黄河支行 387629763-97 | 备注 | （河南省电信有限公司
91410118777997241S
发票专用章） |

收款人：张云　　　复核：凡亚娟　　　开票人：张云　　　销售方：（章）

业务指导：公司支付的通信费用应通过"管理费用"账户核算。

业务29. 相关原始凭证见表29-1至表29-3。

表29-1　　　　　　　　　　　　工资结算汇总表
　　　　　　　　　　　　　　　　2020年12月份　　　　　　　　　　　　　　　单位：元

部门		基本工资	岗位津贴	奖金补贴节约奖	生活补贴	夜班津贴	缺勤扣款		应付工资	代扣款项				实发工资
							病假	事假		养老保险	医疗保险	失业保险	个人所得税	
铸造分厂	生产工人	56 400	3 960	3 540	4 500	2 250			70 650	5 652	1 413	211.95	524.34	62 848.71
	管理人员	21 600	1 800	1 800	3 600				28 800	2 304	576	86.40	略	25 833.60
机一分厂	生产工人	52 200	2 700	1 800	5 400	2 160	360		63 900	5112	1278	191.70	略	57 318.30
	管理人员	27 000	2 160	1 800	3 960			90	34 830	2 786.40	696.60	104.49	略	31 242.51
机二分厂	生产工人	32 400	1 800	1 800	3 600	1 440			41 040	3 283.20	820.80	123.12	略	36 812.88
	管理人员	16 740	1 440	1 440	2 880				22 500	1 800	450	67.50	略	20 182.50
装配分厂	生产工人	15 300	1 080	1 080	2 160	540			20 160	1 612.80	403.20	60.48	略	18 083.52
	管理人员	8 280	720	720	1440				11 160	892.80	223.20	33.48	略	10 010.52
动能分厂	生产工人	12 960	1 260	1 260	2 520	540			18 540	1 483.20	370.80	55.62	略	16 630.38
	管理人员	9 900	900	900	1 800				13 500	1 080	270	40.50	略	12 109.50
机修分厂	生产工人	15 120	1 440	1 440	1620	90			19 710	1 576.80	394.20	59.13	略	17 679.87
	管理人员	11 340	1 080	1 080	1 800				15 300	1 224	306	45.90	略	13 724.10
厂部管理人员		86 400	5 400	5 400	10 800				108 000	8 640	2 160	324	略	96 876
医务和福利人员		43 200	2 700	2 700	5 400				54 000	4 320	1 080	162	略	48 438
在建工程		63 000	3 600	3 600	7 200				77 400	6 192	1 548	232.20	略	69 427.80
合　计		471 840	32 040	30 360	58 680	7 020	360	90	599 490	47 959.20	11 989.80	1 798.47	56 987.46	480 755.07

表29-2　　　　　　　　　　　工 资 结 算 表
部门：铸造分厂生产工人　　　　2020年12月份　　　　　　　　　　　单位：元

编号	姓名	基本工资	岗位津贴	奖金补贴节约奖	生活补贴	夜班津贴	缺勤扣款		应付工资	代扣款项				实发工资
							病假	事假		养老保险	医疗保险	失业保险	个人所得税	
101	夏汉	6690	540	600	540	360			8730	698.40	174.60	26.19	需计算	需计算
102	李红荣	7230	540	600	540	360			9270	741.60	185.40	27.81	需计算	需计算
103	李成	4860	360	360	450	180			6210	496.80	124.20	18.63	17.11	5553.26
104	谢志成	4500	270	360	270	180			5580	446.40	111.60	16.74	0	5005.26
105	金山硕	5040	270	360	270	180			6120	489.60	122.40	18.36	14.69	5474.95
106	刘宇智	4140	360	360	450	360			5670	453.60	113.40	17.01	0	5085.99
107	王立敏	4320	360	360	450	180			5670	453.60	113.40	17.01	0	5085.99
108	张丰	5040	360	360	540				6300	504	126	18.90	19.53	5631.57
109	吴珊	5220	360		360	180			6120	489.60	122.40	18.36	14.69	5474.95
110	宋洋	5400	360		360	90			6210	496.80	124.20	18.63	17.11	5553.26
111	刘云	3960	180	180	270	180			4770	381.60	95.40	14.31	0	4278.69
	合计	56400	3960	3540	4500	2250			70650	5652	1413	211.95	524.34	62848.71

补充资料：

1. 夏汉2020年1—11月扣除社保和住房公积金后共取得税前累计工资收入9万元；有两个上小学的小孩且均由其扣除子女教育专项附加扣除，每月2 000元。1—11月已缴个税累计226.38元，计算夏汉12月份应缴的个人所得税税额。

2. 李红荣2020年1—11月扣除社保和住房公积金后共取得税前累计工资收入10万元；其和弟弟一起赡养父母，父亲年满60岁，母亲56岁，按二人协议平均分摊赡养老人支出，她和弟弟每人每月负担父母赡养费1 000元；参加了2019年环境影响评价工程师考试，购买了中华会计网校的课程共支出3 000元，通过努力于2020年3月拿到环境影响评价工程师资格证书。1—11月已缴个税累计728.79元，计算李红荣12月份应缴的个人所得税税额。

表 29-3

中国工商银行 网上银行电子回单

电子回单号码：0031-9252-9826-1140

付款人	户名	中原纺织机械有限公司	收款人	户名	
	账号	27682086-55		账号	
	开户银行	郑州工行和平支行		开户银行	
金额		人民币（大写）肆拾捌万零柒佰伍拾伍元零柒分整			￥480 755.07
摘要		代付工资	业务种类		汇划发报
用途		转账			
交易流水号		78856879	时间戳		2020-12-14-14.49.38.384332
	备注： 用途：代付工资 汇出行：0170200268 汇出行名称：工行河南省分行账务处理中心 汇入行： 指令编号：HQP2505688654 提交人：HB001.c.1702 最终授权人： 验证码：YeToraAemPRErvDV0E1/b6TWqwe=				
记账网点	17200268		记账柜员	0012	记账日期 2020年12月14日

如需校验回单，请点击：回单验证　　　　　　　　　　　　打印日期：2020年12月14日
重要提示：本回单不作为收款方发货依据，并请勿重复记账

知识链接

1. 根据《国务院关于建立统一的企业职工基本养老保险制度的决定》和《国务院关于完善企业职工基本养老保险制度的决定》，为了保障职工的合法权益，企业应该按应付职工薪酬总额的一定比例提取社会保险。社会保险费用由国家、单位和个人合理负担。职工个人缴费全部计入个人账户；单位缴费一部分划入个人账户，其余部分划入社会统筹账户。

2. 我国现行个人所得税对居民个人取得的综合所得，采取七级超额累进税率，按纳税年度合并计算个人所得税的办法。综合所得应纳个人所得税的计算公式：

年应纳税额 = 全年应纳税所得额 × 适用税率 - 速算扣除数
　　　　 = （全年收入额 - 60 000元 - 社保、住房公积金专项扣除费用 - 享受的专项附加扣除 - 享受的其他扣除）× 适用税率 - 速算扣除数

3、个人所得税申报，应先在国家税务局××省（如河南省）税务局官网上下载"个人所得税扣缴客户端"，录入职工基本信息，通过验证后，对薪酬收入申报"综合所得"，其他收入项，点击对应项目申报。下年初，按规定进行个人所得税年终汇算清缴。

本题个人所得税计算过程略。

附：七级超额累进税率表：

综合所得个人所得税税率表

级数	全年应纳税所得额	税率（%）	速算扣除数
1	不超过 36 000 元的	3	0
2	超过 36 000 元至 144 000 元的部分	10	2 520
3	超过 144 000 元至 300 000 元的部分	20	16 920
4	超过 300 000 元至 420 000 元的部分	25	31 920
5	超过 420 000 元至 660 000 元的部分	30	52 920
6	超过 660 000 元至 960 000 元的部分	35	85 920
7	超过 960 000 元的部分	45	181 920

（注：本表所称全年应纳税所得额是指依照《中华人民共和国个人所得税法》第六条的规定，居民个人取得综合所得以每一纳税年度收入额减除费用六万元以及专项扣除、专项附加扣除和依法确定的其他扣除后的余额。）

业务指导： 目前单位发放职工工资多采用银行转账的方式直接转入职工在银行开设的银行卡上。单位代扣的款项应分别在"其他应付款——企业职工基本养老保险费、基本医疗保险费、失业保险费"、"应交税费——代扣代缴个人所得税"等明细账中核算。

业务 30. 相关原始凭证见表 30-1 至表 30-5。

表 30-1

中国工商银行 转账支票存根 10204122 12345678	中国工商银行 转账支票 10204122 12345678
附加信息 _____ _____	出票日期（大写）贰零贰零年壹拾贰月壹拾肆日 付款行名称：工商银行和平支行
	收款人：河南省中原建筑工程公司 出票人账号：68039484-89
出票日期 2020 年 12 月 14 日	人民币（大写）壹拾叁万陆仟元整 ¥ 1 3 6 0 0 0 0 0
收款人：河南省中原建筑工程公司	用途：支付修缮费
金　额：¥136 000	上列款项请从我账户支付 出票人签章：张军（印） 生印
用　途：修缮费	密码 1234567890123456
单位主管　　会计	行号 1020412212345678 复核　　　　记账

表30-2　　　ICBC  中国工商银行　　进账单（回单）2

2020 年 12 月 14 日

出票人	全　称	中原纺织机械有限公司	收款人	全　称	河南省中原建筑工程公司	此联是开户银行交给持（出）票人的回单
	账　号	68039484-89		账　号	392679018-39	
	开户银行	工行和平支行		开户银行	建行中原支行	

金额	人民币（大写）	壹拾叁万陆仟元整	亿	千	百	十万	千	百	十	元	角	分
				¥	1	3	6	0	0	0	0	0

票据种类	转支	票据张数	壹张
票据号码			
备注：			

（印章：中国工商银行郑州和平支行 2020.12.14 转讫）

复核：　　　　　记账：

表30-3　　　河南增值税专用发票　　　No 05416663

4100176320

（印章：河南 抵扣联）

4100176320
05416663
开票日期：2020 年 12 月 14 日

购货方	名　称	中原纺织机械有限公司	密码区	0396852597 > < 40//2/06 < 354 + 8515673292075 + > 95 - > 89 > * 774 > - 110 < * 58 < 8 * 5034545 + 5778988882 + 243/ + -46 - > * * < 3501 + 01 > 303031 +/61 + </ -0
	纳税人识别号：	91410105689740506A		
	地　址、电话：	郑州市南阳路290号 63585788		
	开户行及账号：	工行和平支行 68039484-89		

货物或应税劳务、服务名称	规格型号	单位	数量	单价	金额	税率	税额
*劳务*建筑服务		栋	1	124 770.64	124 770.64	9%	11 229.36
合　计					¥ 124 770.64		¥ 11 229.36

价税合计（大写）	壹拾叁万陆仟元整	（小写）¥ 136 000

销货方	名　称	河南省中原建筑工程公司	备注	（印章：河南省中原建筑工程公司 91410767890041289P 发票专用章）
	纳税人识别号：	91410767890041289P		
	地　址、电话：	郑州市中原路215号 67532867		
	开户行及账号：	建行中原支行 392679018-39		

收款人：刘华军　　复核：张庆辉　　开票人：刘华军　　销售单位：（章）

第二联：抵扣联　购买方扣税凭证

表30-4　　　　　　　　　　河南增值税专用发票　　　　　　　　No 05416663

4100176320

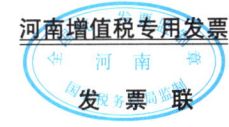
发 票 联

4100176320
05416663
开票日期：2020年12月14日

购货方	名　　　称：中原纺织机械有限公司 纳税人识别号：91410105689740506A 地　址、电　话：郑州市南阳路290号 63585788 开户行及账号：工行和平支行 68039484-89	密码区	0396852597＞＜40//2/06＜354＋8515673292075＋ ＞95－＞89＞＊774＋＞－＋110＜＊58＜8＊ 5034545＋5778988882＋243/＋－46－＞＊＊＜ 3501＋01＞303031＋/61＋＜/－0

货物或应税劳务、服务名称	规格型号	单位	数量	单价	金额	税率	税额
＊劳务＊建筑服务		栋	1	124 770.64	124 770.64	9%	11 229.36
合　　计					¥124 770.64		¥11 229.36

价税合计（大写）	壹拾叁万陆仟元整	（小写）¥136 000

销货方	名　　　称：河南省中原建筑工程公司 纳税人识别号：91410767890041289P 地　址、电　话：郑州市中原路215号 67532867 开户行及账号：建行中原支行 392679018-39	备注	（河南省中原建筑工程公司 91410767890041289P 发票专用章）

收款人：刘华军　　　复核：张庆辉　　　开票人：刘华军　　　销售单位：（章）

第三联：发票联　购买方记账凭证

表30-5　　　　　　　　　　工程竣工验收单　　　　　　　　编号：20201201

工程名称	机二分厂厂房大修		
工程地址	机二分厂		
建设单位	中原纺织机械有限公司	开工日期	2020年11月15日
施工单位	河南省中原建筑工程公司	竣工日期	2020年12月13日
工程概况	机二分厂厂房修缮工程由河南省中原建筑工程公司负责，工程价款¥124 770.64，税款¥11 229.36，合计¥136 000元，工期壹个月。 　　　工程已按设计文件和施工合同的要求完成了施工任务，符合我国现行工程建设标准。 　　　售后服务联系电话：136＊＊＊84723		
验收意见	合　　　格 建设单位（章） 负责人：李建 日　　期：2020年12月13日		施工单位（章） 负责人：朱立 日　　期：2020年12月13日

业务指导：大修理费用应通过"管理费用"账户核算。

业务31. 相关原始凭证见表31-1至表31-3。

表 31-1

固定资产租出通知单

2020 年 12 月 15 日　　　　　　　　　　　　　　　　　字第 0045 号

编号	固定资产名称	型号规格	单位	数量	资产原值	租用起讫日期	拟定每月租金
	行政管理办公楼门面房	10m²	间	2	100 000	12.1~12.31	5 000

借用单位	原使用单位	财务部	管理部门	制单
	同意租出。 张军生	同意。 李华		张阳

表 31-2

河南增值税普通发票

No 04832035

4100162320　　　　　　　　　　　　　　　　　　　　　　4100162320
机器编号：　　　　此联不作报销、扣税凭证使用　　　　04832035
499920115834　　　　　　　　　　　　　　　　开票日期：2020 年 12 月 15 日

购买方	名　　　称：中原酒店 纳税人识别号：91401386679941727 地址、电话：郑州市东风路 26 号 开户行及账号：工行郑州市中原支行 27682086-55	密码区	0396852597 > <40//2/06 < 354 + 851 < 8 * 5034545 + 5778988882 + 243/ + - - > * * < 3501 + 01 > 303031 +/61 + </ - 2075 + > 95 - > 89 > * 774 + > - + 110 < * 5801 > 30303697

货物或应税劳务、服务名称	规格型号	单位	数量	单价	金额	税率	税额
经营租赁 不动产租赁		年	1	60 000	60 000	9%	5 400
合　计					¥60 000		¥5 400

价税合计（大写）	陆万陆仟陆佰元整	（小写）¥65 400

销售方	名　　　称：中原纺织机械有限公司 纳税人识别号：91410105689740506A 地址、电话：郑州市南阳路 290 号　63585788 开户行及账号：工行和平支行 68039484-89	备注	（中原纺织机械有限公司 91410105689740506A 发票专用章）

收款人：吴伟　　　复核：杨珂珂　　　开票人：吴伟　　　　　　销售方：（章）

第一联：记账联　销售方记账凭证

表 31-3

 中 国 工 商 银 行　网上银行电子回单

电子回单号码：0031-9252-9826-1145

付款人	户名	中原纺织机械有限公司	收款人	户名	中原酒店
	账号	680394184-89		账号	27682086-55
	开户银行	郑州工行和平支行		开户银行	工行郑州市中原支行
金额		人民币（大写）陆万伍仟肆佰元整			￥65 400
摘要		收租金款	业务种类		汇划发报
用途		转账			
交易流水号		78856835	时间戳		2020-12-15-14 45.38.384338
		备注： 用途：收租金款 汇出行：0170200268 汇出行名称：工行河南省分行账务处理中心 汇入行：0170700279 指令编号：HQP2505688657 提交人：HB001.c.1702 最终授权人： 验证码：YeToraAemPRErvDV0E1/b6TWlkr=			
记账网点		17200268	记账柜员	0012	记账日期	2020 年 12 月 15 日

如需校验回单，请点击：回单验证　　　　　　　　　　　　　　　打印日期：2020 年 12 月 15 日

重要提示：本回单不作为收款方发货依据，并请勿重复记账

> **知识链接**
>
> 税法规定：纳税人兼营销售货物、劳务、服务、无形资产或者不动产，为兼营行为。纳税人兼营适用不同税率或者征收率的，应当分别核算适用不同税率或者征收率的销售额，未分别核算销售额的，按照以下方法适用税率或者征收率：
>
> 1. 兼有不同税率的销售货物、加工修理修配劳务、服务、无形资产或者不动产，从高适用税率；
>
> 2. 兼有不同征收率的销售货物、加工修理修配劳务、服务、无形资产或者不动产，从高适用征收率；
>
> 3. 兼有不同税率和征收率的销售货物、加工修理修配劳务、服务、无形资产或者不动产，从高适用税率；
>
> 4. 兼营免税、减税项目的，未分别核算的，不得免税、减税。

业务 31. 应按租金收入的 9% 计算增值税。根据上述原始凭证编制记账凭证，需增设"其他业务收入"总账及明细分类账户。

工作程序： 负责会计报表岗位刘鑫根据 1-15 日审核无误的记账凭证编制科目汇总表，并根据科目汇总表登记总分类账。

上半月科目汇总表

年　　月　　日　　　　　　　　　　　　　　编号：

科目编码	科目名称	金额合计借方	金额合计贷方

业务 32. 相关原始凭证见表 32－1、表 32－2。

表 32－1

表32-2

情况说明：

公司为附近小区居民提供管道维修服务，通过微信收取3 000元，没开具发票。

按照税法规定应作为未开票收入，进行价税分离依法纳税。

财务部负责人：李华

2020-12-16

业务指导：企业对外提供服务，没有开具发票，应作为无票收入，价税分离后，会计上做无票收入，申报增值税时，在"未开具发票"栏填写。同时通过企业微信收款，做"其他货币资金—微信"入账。

工作程序：

（1）负责综合岗位会计王霏审核原始凭证，并根据审核无误的原始凭证填制记账凭证。

（2）财务负责人李华审核记账凭证。

（3）会计王霏根据记账凭证登记"其他业务收入"明细账、"应交税费—应交增值税（销项税）"明细账。

（4）出纳员王静根据记账凭证登记"其他货币资金—微信"日记账。

业务33. 相关原始凭证见表33-1至表33-10。

表33-1

天津增值税电子普通发票

机器编号：499099800820

发票代码：012002000411
发票号码：72925472
开票日期：2020年12月16日
校验码：05598488597819172852

购买方	名　　称：中原纺织机械有限公司 纳税人识别号：9141010568974050 6A 地址、电话：郑州市南阳路290号　63585788 开户行及账号：工行和平支行68039484-89	密码区	0376966279<8-3-＞6/63/-46*34＜＞150+7 +＞60-4094＞9113743＞86+36+*19+/-＞ 92++0174＞/83-＜0+＞18*-/＞053/ 011973190＜49-5＞-＞3

货物或应税劳务、服务名称	规格型号	单位	数量	单价	金额	税率	税额
*运输服务*客运服务费 *运输服务*客运服务费	无	次	1	24.74	24.74 -4.95	免税 免税	*** ***
合　计					￥19.79		***

价税合计（大写）	壹拾玖圆柒角玖分	（小写）￥19.79

销售方	名　　称：滴滴出行科技有限公司 纳税人识别号：91120116340983 3307 地址、电话：天津经济技术开发区南港工业 区综合服务区办公楼C座103室 12单元　022 59002850 开户行及账号：招商银行股份有限公司天津自 由贸易试验区分 行122905939910401	备注	

收款人：张雪丽　　　复核：蔡静　　　开票人：王秀丽　　　销售方：（章）

第一联：记账联　销售方记账凭证

表33-2

账单明细

财付通支付科*-花小猪打车-实物商品租购

￥19.79

交易金额

信用卡　　　7363
交易日期　　12-16 09:07:12
入账日期　　2021-12-16
交易类型　　行内POS消费
入账金额　　￥19.79

表33-3

河南增值税电子普通发票

机器编号：499098537265

发票代码：041002000111
发票号码：61880676
开票日期：2020 年 12 月 16 日
校验码：13088540551104639070

购买方	名　称：中原纺织机械有限公司 纳税人识别号：91410156897405064 地址、电话：郑州市南阳路290号　63585788 开户行及账号：工行和平支行68039484-89	密码区	03-</2/9905>939><<52396+1+7>81>> 25-</48><903<3>4129>*+10/965*45814 -6132+-6-0051/**68/8254<74901759419 <>38-762+/		

项目名称	规格型号	单位	数量	单价	金额	税率	税额
*信息技术服务 *技术服务费			1	38.679245	38.68	6%	2.32
合　计					￥38.68		￥2.32

价税合计（大写）	肆拾壹圆整	（小写）￥41.00

销售方	名　称：郑州时空隧道信息技术有限公司 纳税人识别号：91410153174789187 地址、电话：郑州市金水区杨金路89号　4283944 开户行及账号：中信银行郑州金水路支 行73927101826000<!-- -->4715	备注

收款人：　　复核：王自强　　开票人：张欣欣　　　　　　销售方：（章）

表33-4

交易详情

财付通-uu跑腿

¥ 41.00

已入账

记录一点什么

分期还款

交易时间	2020-12-16 14:57:32
入账时间	2020-12-16
信用卡	卡尾号 7329
交易说明	UU跑腿发单
交易类型	物流快递

表33-5

上海增值税电子普通发票

发票代码：031002000611
发票号码：16454300
开票日期：2020 年 12 月 16 日
校验码：81095612412166693656

机器编号：661830741383

购买方	名　　称：	中原纺织机械有限公司	密码区	> 845/149 - 4 > 48 - 3728 * 96 > 9 - < 6 + > 623/ 33/4 - 2119 - + - < 939 * 301 + < 7 + > 08 > > < 5845 + < 983 + 13 + 89 < 4 + +/22 + 403/ > 0 + 4 - 2/80 + 9 < 7 + > +5 >
	纳税人识别号：	91410105689740506A		
	地　址、电话：	郑州市南阳路290号　63585788		
	开户行及账号：	工行和平支行68039484-89		

货物或应税劳务、服务名称	规格型号	单位	数量	单价	金额	税率	税额
*信息技术服务 *技术服务费					2.35	6%	0.15
合　计					¥2.35		¥0.15

| 价税合计（大写） | 贰元五角 | （小写）¥2.50 |

销售方	名　　称：	上海钧正网络科技有限公司	备注	上海钧正网络科技有限公司 91310112MA1GB63D5E 发票专用章
	纳税人识别号：	91310112MA1GB63D5E		
	地　址、电话：	上海市闵行区秀文路898号1幢203室 021-61679500		
	开户行及账号：	招商银行股份有限公司上海奉贤支行 12919895810401		

收款人：周淑淑　　复核：英雅丽　　开票人：范阳阳　　销售方：（章）

表33-6

表33-7

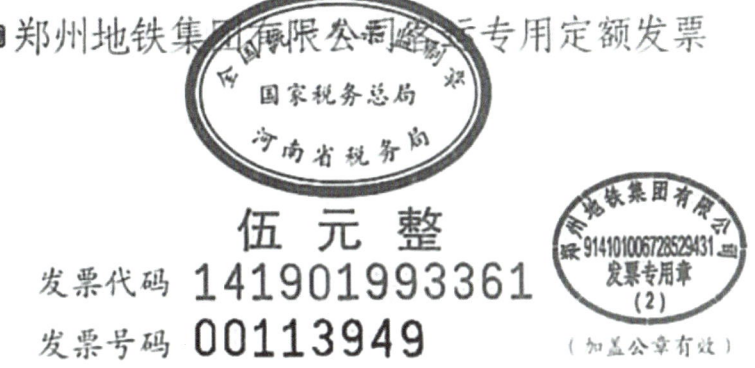

表33-8

河南增值税电子通发票

机器编号：499099843862

发票代码：041001900211
发票号码：84194546
开票日期：2020年12月10日
校验码：18330674600211275579

购买方	名称：	中原纺织机械有限公司			密码区	0314＊39－4950／－8665＊4＊1431/＋262－3530344968＋4＊＋1＜/3866247＊3＞＋＋2＜－88＋/＊11857662＜6＞/74997＜7009395201/42－19＋7－47＜8＊－4		
	纳税人识别号：914010568974050A							
	地址、电话：	郑州市南阳路290号 63585788						
	开户行及账号：	工行和平支行 68039484-89						
货物或应税劳务、服务名称	规格型号	单位	数量	单价	金额	税率	税额
＊物流辅助服务 ＊收派服务费		次	1.0	38.68	38.68	6%	2.32
合计					¥38.68		¥2.32
价税合计（大写）	肆拾壹圆整				（小写）¥41.00		
销售方	名称：	河南省顺丰速运有限公司			备注			
	纳税人识别号：9141010075388607X3							
	地址、电话：	郑州经济技术开发区郑州国际物流园区 0371-67915280						
	开户行及账号：	中国工商银行郑汴路支行 1702320219249061206						

收款人：刘聪　　复核：刘静怡　　开票人：张继葵　　销售方：（章）

表33-9

表33-10　　　　　　　　　　　费用报销单
所属部门：总经理办公室　　　　　　2020年12月16日　　　　　　　　第26号

费用	摘要	金额 十万千百十元角分
办公费	交通费	2　7　2　9
	邮递费	8　2　0　0
	现金付讫	
合计人民币（大写）	⊗拾⊗万⊗仟壹佰零玖元贰角玖分	¥　1　0　9　2　9

附单据6张

经手人：李华　　　记账：　　　出纳：　　　复核：　　　报销人：王俊

业务指导：总经理办公室王俊办理公司业务，报销地铁票、滴滴车票、哈罗共享单车票、顺丰快递票，有微信支付截屏。属于办公费用，经领导批准后，可列做"管理费用—办公费"。

工作程序：
（1）负责综合岗位会计王霏审核原始凭证，并根据审核无误的原始凭证填制记账凭证。
（2）财务负责人李华审核记账凭证。
（3）综合岗位会计王霏根据记账凭证登记"管理费用"明细账。
（4）出纳员王静登记"库存现金"日记账。

业务34.相关原始凭证见表34-1至表34-6。

表34-1　　　　　　　　　　　收款收据
　　　　　　　　　　　　2020年12月16日　　　　　　　　编号：154798

交款人（单位）	吴清源	
摘要	报销差旅费	万千百十元角分
金额（大写）人民币	陆拾肆元整 现金收讫	¥　　　6　4　0　0

主管：李华　　　　　会计：王霏　　　　　收款人：王静

表34-2　　　　　　　　　　　差旅费报销单
所属单位：销售部　　　　　　　2020年12月16日　　　　　　　第33319号

姓名	吴清源	同行人印	无	共1人	审批人印	刘一鸣	事由	联系业务	自2020年12月1日 至2020年12月6日	6天
出发		到达			小计	火车费	市内车费	住宿费	途中伙食补贴	住勤费
月	日 地点	月	日	地点					天数　金额	天数　金额
12	1 郑州	12	1	武汉	284	244			1　　40	
12	6 武汉	12	6	郑州	1 652	244	140	1 108	1　　40	4　　120
	合　计				1 936	488	140	1 108	80	120
原借款金额 2 000		交回结余金额 64			报销总额（单位：元）	壹仟玖佰叁拾陆元（¥1 936）				

部门主管：刘一鸣　　　核准人：李华　　　出纳：王静　　　报销人：吴清源

表34-3

4102557365

湖北增值税专用发票

抵 扣 联

No 58468150
4202557365
58468150

开票日期：2020年12月06日

购货方	名　　　称	中原纺织机械有限公司				密码区	0396852597 > <40//2/06 <354 +8510303162075 + >95 - >89 > *774 + > - +110 < *58 <8 * 5034545 +5778988882 +243/ + -97 - > * * < 3501 +01 >303031 +/61 </ -3			
	纳税人识别号：	9141010568974050 6A								
	地址、电话：	郑州市南阳路290号　63585788								
	开户行及账号：	工行和平支行 68039484-89								
货物或应税劳务名称		规格型号	单位	数量	单价		金额		税率	税额
*住宿服务 *住宿费				5	209.05660		1045.25		6%	62.72
合　计							¥1045.28			¥62.72
价税合计（大写）		壹仟壹佰零捌元整						（小写）¥1 108		
销货方	名　　　称	武汉金谷酒店有限公司				备注	武汉金谷酒店有限公司 91420500089760456W 发票专用章			
	纳税人识别号：	91420500089760456W								
	地址、电话：	武汉市民族大道3号　22310000								
	开户行及账号：	建行武汉洪福支行 620790018-75								

收款人：王蒙　　复核：冯彦昌　　开票人：王蒙　　销货单位：（章）

第二联：抵扣联　购买方扣税凭证

表34-4

4202557365

湖北增值税专用发票

发 票 联

No 58468150
4202557365
58468150

开票日期：2020年12月06日

购货方	名　　　称	中原纺织机械有限公司				密码区	0396852597 > <40//2/06 <354 +8510303162075 + >95 - >89 > *774 + > - +110 < *58 <8 * 5034545 +5778988882 +243/ + -97 - > * * < 3501 +01 >303031 +/61 </ -3			
	纳税人识别号：	9141010568974050 6A								
	地址、电话：	郑州市南阳路290号　63585788								
	开户行及账号：	工行和平支行 68039484-89								
货物或应税劳务名称		规格型号	单位	数量	单价		金额		税率	税额
*住宿服务 *住宿费				5	209.05660		1045.25		6%	62.72
合　计							¥1045.28			¥62.72
价税合计（大写）		壹仟壹佰零捌元整						（小写）¥1 108		
销货方	名　　　称	武汉金谷酒店有限公司				备注	武汉金谷酒店有限公司 91420500089760456W 发票专用章			
	纳税人识别号：	91420500089760456W								
	地址、电话：	武汉市民族大道3号　22310000								
	开户行及账号：	建行武汉洪福支行 620790018-75								

收款人：王蒙　　复核：冯彦昌　　开票人：王蒙　　销货单位：（章）

第三联：发票联　购买方记账凭证

表34-5

表34-6

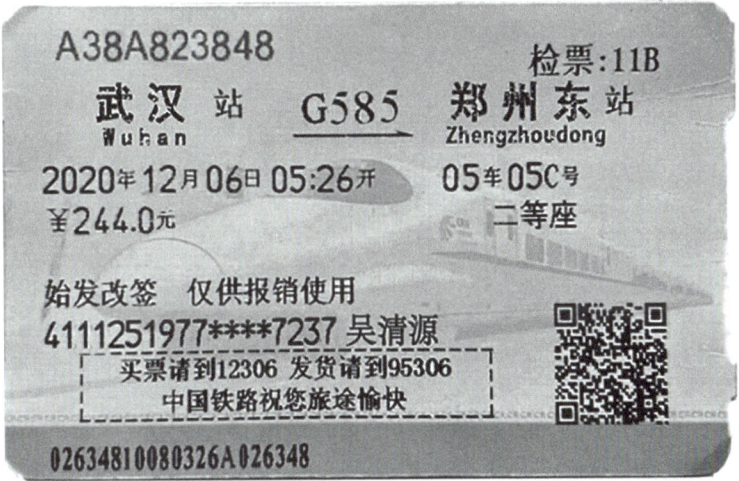

业务指导：销售部门人员报销差旅费应通过"销售费用"核算。报销标准按所在单位相关规定执行。按税法规定，取得注明旅客身份信息的铁路车票的，按照下列公式计算抵扣进项税额：

铁路旅客运输进项税额=票面金额÷（1+9%）×9%。

工作程序：

（1）负责综合岗位会计王霏审核原始凭证，并根据审核无误的原始凭证填制记账凭证。

（2）财务负责人李华审核记账凭证。

（3）综合岗位会计王霏根据记账凭证登记"销售费用"、"其他应收款"等明细账。

（4）出纳员王静登记"库存现金"日记账。

业务35. 相关原始凭证见表35-1至表35-4。

表35-1 河南增值税专用发票 No 13688880

4102557365 / 13688880
开票日期：2020年12月16日

购货方	名称：中原纺织机械有限公司 纳税人识别号：91410105689740506A 地址、电话：郑州市南阳路290号 63585788 开户行及账号：工行和平支行 68039484-89	密码区	0396852597 > <40//2/06 <354 +8510303162075 + > 95 - >89 > *774 + > - +110 < *58 <8 *5034545 +5778988882 +243/ + -97 - >* *<3501 +01 > 303031 +/61 + </-3

货物或应税劳务名称	规格型号	单位	数量	单价	金额	税率	税额
*木制品*包装材料		件	2	2 000	4 000	13%	520
合计					¥4 000		¥520

价税合计（大写）：肆仟伍佰贰拾元整　　（小写）¥4 520

销货方	名称：河南省包装材料有限公司 纳税人识别号：91410502389760456W 地址、电话：郑州市嵩阳路22号 64537443 开户行及账号：工行嵩阳分行 680790008-75	备注	（河南省包装材料有限公司 91410502389760456W 发票专用章）

收款人：焦同刚　复核：龚东领　开票人：焦同刚　销货单位：（章）

第二联：抵扣联 购买方扣税凭证

表35-2 河南增值税专用发票 No 13688880

4102557365 / 13688880
开票日期：2020年12月16日

购货方	名称：中原纺织机械有限公司 纳税人识别号：91410105689740506A 地址、电话：郑州市南阳路290号 63585788 开户行及账号：工行和平支行 68039484-89	密码区	0396852597 > <40//2/06 <354 +8510303162075 + > 95 - >89 > *774 + > - +110 < *58 <8 *5034545 +5778988882 +243/ + -97 - >* *<3501 +01 > 303031 +/61 + </-3

货物或应税劳务名称	规格型号	单位	数量	单价	金额	税率	税额
*木制品*包装材料		件	2	2 000	4 000	13%	520
合计					¥4 000		¥520

价税合计（大写）：肆仟伍佰贰拾元整　　（小写）¥4 520

销货方	名称：河南省包装材料有限公司 纳税人识别号：91410502389760456W 地址、电话：郑州市嵩阳路22号 64537443 开户行及账号：工行嵩阳分行 680790008-75	备注	（河南省包装材料有限公司 91410502389760456W 发票专用章）

收款人：焦同刚　复核：龚东领　开票人：焦同刚　销货单位：（章）

第三联：发票联 购买方记账凭证

表35-3

 中 国 工 商 银 行　网上银行电子回单

电子回单号码：0031-9252-9826-1153

付款人	户名	中原纺织机械有限公司		收款人	户名	河南包装材料有限公司
	账号	680394184-89			账号	603132172-75
	开户银行	工行郑州和平支行			开户银行	工行郑州紫阳分行
金额		人民币（大写）肆仟伍佰贰拾元整				¥4 520
摘要		购料		业务种类		汇划发报
用途		转账				
交易流水号		78856890		时间戳		2020-12-16-09.33.28.384342
		备注： 备注： 用途：购料 汇出行：0170200268 汇出行名称：工行河南省分行账务处理中心 汇入行：01702002126 指令编号：HQP25056888657 提交人：HB001.c.1702 最终授权人： 验证码：YeToraAemPRErvDV0E1/b6TWasd=				
记账网点	17200268	记账柜员	0012	记账日期		2020年12月16日

如需校验回单，请点击：回单验证　　　　　　　　　　　　打印日期：2020年12月16日

重要提示：本回单不作为收款方发货依据，并请勿重复记账

表35-4

入　库　单

供应单位：　　　　　　　　　2020年12月16日　　　　　　编　号：552002

发票号码：　　　　　　　　　　　　　　　　　　　　　　材料类别：**辅助材料**

材料编号	名称	规格	计量单位	数量		实际采购价格		合计	备注	第二联记账
				应收	实收	单价	金额			
	包装材料		*件*	*2*	*2*	*2 000*	*4 000*	*4 000*		

收料人：*张晓平*　　　负责人：*王尔康*　　　保管：*赵启明*　　　制单：*王小玲*

业务指导：包装材料属于辅助材料，应通过"原材料——辅助材料"账户核算。

业务36. 相关原始凭证见表36-1至表36-4。

表 36-1

购 销 合 同（简式）

甲方：中原纺织机械有限公司　　合同编号：CG2020-1201
乙方：山西煤矿　　　　　　　　签订地点、时间：郑州 2020.12.16

双方经友好协商，就采用预付货款购货方式，订立如下合同：

一、产品名称、数量、单价、金额、交货时间

产品名称	计量单位	数量	不含税单价	不含税合计金额	交货时间
焦煤	吨	50	3000	150000	合同签订后5日内

二、质量要求标准、供方对质量负责的责任和期限：按供方标准执行，满足需方使用要求。质保期限一年。

三、交（提）货地点、方式：需方自行提货，运费自付。

四、合理损耗及计算方法：需方自行负担

五、结算方式及期限：甲方于合同签订后两日内预付货款 150000 元，其余部分待验收合格后三日内，以电汇方式一次结清。

六、违约责任：按《合同法》

七、解决合同纠纷方式：双方协商解决。

八、其他约定事项：无

甲方：盖章
代表签字：李明
2020年12月16日

乙方：盖章
代表签字：周涛
2020年12月16日

表 36-2

购 销 合 同（简式）

甲方：中原纺织机械有限公司　　合同编号：CG2020-1202
乙方：太原钢铁公司　　　　　　签订地点、时间：郑州 2020.12.16

双方经友好协商，就采用预付货款购货方式，订立如下合同：

一、产品名称、数量、单价、金额、交货时间

产品名称	计量单位	数量	不含税单价	不含税合计金额	交货时间
圆钢	吨	30	3400	102000	合同签订后 5 日内

二、质量要求标准、供方对质量负责的责任和期限：按供方标准执行，满足需方使用要求。质保期限一年。

三、交（提）货地点、方式：需方自行提货，运费自付。

四、合理损耗及计算方法：需方自行负担

五、结算方式及期限：甲方于合同签订后两日内预付货款 100000 元，其余部分待验收合格后三日内，以电汇方式一次结清。

六、违约责任：按《合同法》

七、解决合同纠纷方式：双方协商解决。

八、其他约定事项：无

甲方：盖章
代表签字：李明
2020 年 12 月 16 日

乙方：盖章
代表签字：韩元
2020 年 12 月 16 日

表36-3　　　　　　　　中国工商银行　电汇凭证（回单）　1

委托日期 2020 年 12 月 16 日　　　　　　　　　第 0274631 号

汇款人	全称	中原纺织机械有限公司	收款人	全称	山西煤矿	此联是汇出银行给汇款单位的回单
	账号	68039484-89		账号	966898573-34	
	汇出地点	河南省郑州市		汇入地点	山西太原市	
	汇出行名称	工行和平支行		汇入行名称	工行杏花岭分行	

金额	人民币（大写）	壹拾伍万元整	亿	千	百	十	万	千	百	十	元	角	分
				¥	1	5	0	0	0	0	0	0	0

汇款用途：预付货款	支付密码	
上列款项请在本人的账户内支付，并按照汇兑结算规定汇给收款人。	附加信息及用途：中国工商银行郑州和平支行 2020.12.16 转讫	
汇出行签章	复核	记账

表36-4　　　　　　　　中国工商银行　电汇凭证（回单）　1

委托日期 2020 年 12 月 16 日　　　　　　　　　第 0364257 号

汇款人	全称	中原纺织机械有限公司	收款人	全称	太原钢铁公司	此联是汇出银行给汇款单位的回单
	账号	68039484-89		账号	966760248-11	
	汇出地点	河南郑州市		汇入地点	山西省太原市	
	汇出行名称	工行和平支行		汇入行名称	工行解放分行	

金额	人民币（大写）	壹拾万元整	亿	千	百	十	万	千	百	十	元	角	分
				¥	1	0	0	0	0	0	0	0	0

汇款用途：预付货款	支付密码	
上列款项请在本人的账户内支付，并按照汇兑结算规定汇给收款人。	附加信息及用途：中国工商银行郑州和平支行 2020.12.16 转讫	
汇出行签章	复核	记账

业务指导：该凭证是汇兑结算方式的回单，银行加盖的转讫章表明：本单位按合同约定预付给山西煤矿和太原钢铁公司货款，已委托银行从基本存款账户中划出。本业务根据上述原始凭证编制记账凭证时，需增设"预付账款"总账及明细分类账户。

工作程序：

（1）综合岗位会计王霏审核原始凭证并编制记账凭证。然后送交财务负责人李华审核。

（2）综合岗位会计王霏根据审核后的记账凭证登记"预付账款"明细账，出纳员王静登记"银行存款"日记账。

业务37. 相关原始凭证见表37-1至表37-3。

表37-1　　　　　　　　　　　　　固定资产清理单

2020年12月17日　　　　　　　　　　　　　　　　　　　　　　第0476号

调出单位	中原纺织机械有限公司办公楼					调入单位		花园开发有限责任公司		
资产编号	2010108		资产名称		办公楼	型号规格				
建造时间	2015.3.1		交付使用日期		2015.12.1	数 量			1 幢	
原 价	单价		耐用年限（工作量）	480		已提折旧	12 000	调拨作价	单价	
	总价	100 000	已用年限（工作量）	60		净值	88 000		总价	190 000
其 中	运杂费		调拨原因		销售不动产	设备状况		调拨方式	有偿销售	
	包装费									
	安装费									
调出单位盖章			厂 长		张军生	调入单位盖章		厂 长	申 宁	
			管理部门		钱 欣			管理部门	贾 奇	
			财务部门		李 华			财务部门	刘 鑫	
			经办人		周 民			经办人	张 亮	

表37-2　　　　　　　　　　　　河南增值税普通发票　　　　　　　　　　　　No 35392437

　　　　　　　　　　　　　　　　　　　　　　　　　　　　　　　4100162320

4100162320　　　　　　　　此联不作报销、扣税凭证使用　　　　　　　　35392437

开票日期：2020年12月17日

购买方	名　　　　称：	花园开发有限公司	密码区	0396852597＞＜40∥2/06＜354＋851＜8＊5034545＋5778988882＋243/＋－－＞＊＜3501＋01＞303031＋/61＋＜/－2075＋＞95－＞89＞＊774＋＞－＋110＜＊5801＞30303697
	纳税人识别号：	91410502511587460W		
	地址、电话：	郑州市花园路76号　55566600		
	开户行及账号：	中行花园路支行 287619014-72		

货物或应税劳务、服务名称	规格型号	单位	数量	单价	金额	税率	税额
＊不动产＊商业经营用房		幢	1	190 000	190 000	5%	9 500
合　　计					￥190 000		￥9 500

价税合计（大写）	壹拾玖万玖仟伍佰元整	（小写）￥199 500

销售方	名　　　　称：	中原纺织机械有限公司	备注	中原纺织机械有限公司 91410105689740506A 发票专用章
	纳税人识别号：	91410105689740506A		
	地址、电话：	郑州市南阳路290号　63585788		
	开户行及账号：	工行和平支行 68039484-89		

收款人：李宗芳　　　　复核：郭亚朋　　　　开票人：李宗芳　　　　销售方：（章）

第一联：记账联　销售方记账凭证

表 37-3

 中 国 工 商 银 行　网上银行电子回单

电子回单号码：0031-9252-9826-1161

付款人	户名	花园开发有限责任公司	收款人	户名	中原纺织机械有限公司
	账号	287619014-72		账号	680394184-89
	开户银行	中行花园路支行		开户银行	郑州工行和平支行
金额		人民币（大写）壹拾玖万玖仟伍佰元整			￥199 500
摘要		购料	业务种类		汇划发报
用途		转账			
交易流水号		78856890	时间戳		2020-12-17-16.42.30.384351
（中国工商银行 电子回单 专用章）		备注： 用途：转让不动产款 汇出行：0122003586 汇出行名称：中行河南省分行账务处理中心 汇入行：0170200268 指令编号：HQP2505688668 提交人：HB001.c.1208 最终授权人：			
		验证码：YeToraAemPRErvDV0E1/b6TWjazx=			
记账网点		17200268	记账柜员	0012	记账日期	2020年12月17日

如需校验回单，请点击：回单验证　　　　　　　　　　　　　　　　　　　　　打印日期：2020年12月17日

重要提示：本回单不作为收款方发货依据，并请勿重复记账

业务指导：一般纳税人转让其2016年4月30日前自建的不动产，可以选择适用简易计税方法计税，以取得的全部价款和价外费用为销售额，按照5%的征收率计算应纳税额。纳税人应按照上述计税方法向不动产所在地主管地税机关预缴税款，向机构所在地主管国税机关申报纳税。

企业转让不动产时，应按规定计算应交增值税（月末按企业实际应缴的增值税再计提城市维护建设税和教育费附加），注销转让的不动产后，清理净损益列入"资产处置损益"账户。

业务38. 相关原始凭证见表38-1至表38-5。

表38-1

中国工商银行 转账支票 10204122 / 12345678

存根：
中国工商银行
转账支票存根
10204122
12345678
附加信息：
出票日期 2020年12月17日
收款人：佳宇有限公司
金额：¥5 200
用途：购办公用品
单位主管　会计

支票正面：
出票日期（大写）：贰零贰零年壹拾贰月壹拾柒日
收款人：佳宇有限公司
付款行名称：工商银行和平支行
出票人账号：68039484-89
人民币（大写）：伍仟贰佰元整　￥520000
用途：购办公用品
密码：1234567890123456
行号：1020412212345678
（盖章：中原纺织机械有限公司 财务专用章；生张印军）
复核　记账

表38-2　ICBC 中国工商银行　进账单（回单）2
2020年12月17日

出票人	全称	中原纺织机械有限公司	收款人	全称	佳宇有限公司
	账号	68039484-89		账号	661643139-80
	开户银行	工行和平支行		开户银行	工行和平支行

金额	人民币（大写）	伍仟贰佰元整	亿	千	百	十	万	千	百	十	元	角	分
							￥	5	2	0	0	0	0

票据种类	转支	票据张数	壹张
票据号码			
备注：			

（银行盖章：中国工商银行郑州和平支行 2020.12.17 转讫）
复核：　记账：

此联是开户银行交给持（出）票人的回单

表38-3 河南增值税专用发票  No 13688880

4102557365

发票联

4105227356
12887780
开票日期：2020年12月16日

购货方	名 称： 中原纺织机械有限公司 纳税人识别号：91410105689740506A 地 址、电 话： 郑州市南阳路290号 63585788 开户行及账号： 工行和平支行 68039484-89					密码区	0396852597＞＜40//2/06＜354＋8510303162075＋＞ 95－＞89＞*774＋＞－＋110＜*58＜8*5034545 ＋5778988882＋243/＋－97－＞**＜3501＋01＞ 303031＋/61＋＜/－3	
货物或应税劳务名称	规格型号	单位	数量	单价	金额	税率	税额	
*家具*办公桌椅 *家具*铁皮文件柜		套 个	5 2	707.9646 530.9734	3 539.82 1 061.95	13% 13%	460.18 138.05	
合　计					￥4 601.77		￥598.23	
价税合计（大写）	伍仟贰佰元整							（小写）￥5 200
销货方	名 称： 佳宇有限公司 纳税人识别号：91410105765432459X 地 址、电 话： 郑州市南阳路30号 0371-64478291 开户行及账号： 工行嵩阳分行 680791221-75					备注	佳宇有限公司 91410105765432459X 发票专用章	

收款人：朱大庆　　复核：张现锋　　开票人：朱大庆　　销货单位：（章）

第三联：发票联　购买方记账凭证

表38-4  河南增值税专用发票 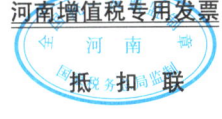 No 12887780

4102557365

抵扣联

4105227356
12887780
开票日期：2020年12月16日

购货方	名 称： 中原纺织机械有限公司 纳税人识别号：91410105689740506A 地 址、电 话： 郑州市南阳路290号 63585788 开户行及账号： 工行和平支行 68039484-89					密码区	0396852597＞＜40//2/06＜354＋8510303162075＋＞ 95－＞89＞*774＋＞－＋110＜*58＜8*5034545 ＋5778988882＋243/＋－97－＞**＜3501＋01＞ 303031＋/61＋＜/－3	
货物或应税劳务名称	规格型号	单位	数量	单价	金额	税率	税额	
*家具*办公桌椅 *家具*铁皮文件柜		套 个	5 2	707.9646 530.9734	3 539.82 1061.95	13% 13%	460.18 138.05	
合　计					￥4 601.77		￥598.23	
价税合计（大写）	伍仟贰佰元整							（小写）￥5 200
销货方	名 称： 佳宇有限公司 纳税人识别号：91410105765432459X 地 址、电 话： 郑州市南阳路30号 0371-64478291 开户行及账号： 工行嵩阳分行 680791221-75					备注	佳宇有限公司 91410105765432459X 发票专用章	

收款人：朱大庆　　复核：张现锋　　开票人：朱大庆　　销货单位：（章）

第二联：抵扣联　购买方扣税凭证

表38-5　　　　　　　　　　　　入　库　单

供应单位：　　　　　　　　　　　　　　　　　　　　　编　号：836001

发票号码：　　　　　　　　2020年12月17日　　　　　类　别：周转材料

材料编号	名称	规格	计量单位	数量 应收	数量 实收	实际采购价格 单价	实际采购价格 金额	合计	备注
	办公桌椅		套	5	5	707.964	3 539.82	3 539.82	
	铁皮文件柜		个	2	2	530.973	1 061.95	1 061.95	

第二联 记账

收料人：张晓平　　　负责人：王尔康　　　保管：赵启明　　　制单：王小玲

业务指导：办公桌椅和铁皮文件柜属于低值易耗品，应通过"周转材料"账户核算。

业务39. 相关原始凭证见表39-1至表39-5。

表39-1　　　　　　　　　北京增值税专用发票　　　　　　　　No 21012450

1102394281　　　　　　　　　抵扣联　　　　　　　　1102394281
　　　　　　　　　　　　　　　　　　　　　　　　　　　21012450
　　　　　　　　　　　　　　　　　　　　　　　　开票日期：2020年12月17日

购买方	名　　　称：中原纺织机械有限公司 纳税人识别号：9140105689740506A 地　址、电　话：郑州市南阳路290号　63585788 开户行及账号：工行和平支行68039484-89	密码区	0396852597 > <40//2/06 <354 + 851 <350162075 +> 95 - >89 > *774 + > - +110 < *58 <8 *5034545 + 5778988882 + 243/ + - 49 - > * * < 3501 + 01 > 303031 +/61 + </ -7

货物或应税劳务、服务名称	规格型号	单位	数量	单价	金额	税率	税额
金属制品 铝锭		吨	50	11 000	550 000	13%	71 500
合　计					￥550 000		￥71 500

价税合计（大写）	陆拾贰万壹仟伍佰元整	（小写）￥621 500

销售方	名　　　称：北京长城铝业有限公司 纳税人识别号：91110502389760456Y 地　址、电　话：北京市石景山路22号　7857600 开户行及账号：工行石景山分行78691466-21-21	备注	北京长城铝业有限公司 91110502389760456Y 发票专用章

第二联：抵扣联 购买方扣税凭证

收款人：刘莉　　　复核：程铁成　　　开票人：刘莉　　　销售方：（章）

第三部分 日常业务处理

表 39-2　　　　　　　　　　北京增值税专用发票　　　　　　　No 21012450

发票联

1102394281
21012450

开票日期：2020 年 12 月 17 日

购买方	名　称：中原纺织机械有限公司 纳税人识别号：91410105689740506A 地址、电话：郑州市南阳路290号　63585788 开户行及账号：工行和平支行 68039484-89	密码区	0396852597 > < 40//2/06 < 354 + 851 < 350162075 + >95 - >89 >*774 + > - +110 < *58 <8 *5034545 + 5778988882 + 243/ + -49 - > * * <3501 + 01 >303031 +/61 + </ -7

货物或应税劳务、服务名称	规格型号	单位	数量	单价	金额	税率	税额
*金属制品*铝锭		吨	50	11 000	550 000	13%	71 500
合　计					¥550 000		¥71 500
价税合计（大写）	陆拾贰万壹仟伍佰元整				（小写）¥621 500		

销售方	名　称：北京长城铝业有限公司 纳税人识别号：91110502389760456Y 地址、电话：北京市石景山路22号　7857600 开户行及账号：工行石景山分行 78695466-21	备注	（北京长城铝业有限公司 91110502389760456Y 发票专用章）

收款人：刘莉　　复核：程铁成　　开票人：刘莉　　销售方：（章）

第三联：发票联　购买方记账凭证

表 39-3　　　　　　　　　　北京增值税专用发票　　　　　　　No 00025860

抵扣联

1100135730
00025860

开票日期：2020 年 12 月 17 日

购买方	名　称：中原纺织机械有限公司 纳税人识别号：91410105689740506A 地址、电话：郑州市南阳路290号　63585788 开户行及账号：工行和平支行 68039484-89	密码区	0396852597 > < 40/2/06 < 354 + 8510303162075 + >95 - >89 > *774 + > - +110 < < *58 <8 * 5034545 + 5778988882 + 243/ + -97 - > * * < 3501 + 01 >303031 +/61 + </ -3

货物或应税劳务名称	规格型号	单位	数量	单价	金额	税率	税额
*交通运输服务 *货物运输服务		吨	50	160	8 000	9%	720
合　计					¥8 000		¥720
价税合计（大写）	捌仟柒佰贰拾元整				（小写）¥8 720		

销售方	名　称：北京大发运输公司 纳税人识别号：91110219325534558Z 地址、电话：北京市海淀区复兴路126号 　　　　　　99837011 开户行及账号：中行海淀分行 68018494-39	备注	运输货物：铝锭 北京市到河南郑州 （北京大发运输公司 91110219325534558Z 发票专用章）

收款人：崔宝玉　　复核：黄青雷　　开票人：崔宝玉　　销货单位：（章）

第二联：抵扣联　购买方扣税凭证

表39-4　北京增值税专用发票　No 00025860

1100135730　　　　　　　　　　　　　　　　　　　1100135730
　　　　　　　　　　　发票联　　　　　　　　　　00025860
　　　　　　　　　　　　　　　　　　　　　　开票日期：2020年12月17日

购买方	名　称：中原纺织机械有限公司	密码区	0396852597 > < 40//2/06 < 354 + 8510303162075 + >95 - >89 > *774 + > - + 110 < *58 <8 * 5034545 + 5778988882 + 243/ + - 97 - > * * < 3501 + 01 >303031 +/61 + </ -3
	纳税人识别号：91410105689740506A		
	地址、电话：郑州市南阳路290号　63585788		
	开户行及账号：工行和平支行 68039184-89		

货物或应税劳务名称	规格型号	单位	数量	单价	金额	税率	税额
*交通运输服务		吨	50	160	8 000	9%	720
*货物运输服务							
合　计					￥8 000		￥720

价税合计（大写）　捌仟柒佰贰拾元整　　　　　　（小写）￥8 720

销售方	名　称：北京大发运输公司	备注	运输货物：铝锭
	纳税人识别号：91110219325534558Z		北京市到河南郑州
	地址、电话：北京市海淀区复兴路126号　99837011		
	开户行及账号：中行海淀分行 68018594-39		

收款人：崔宝玉　　复核：黄青雷　　开票人：崔宝玉　　销货单位：（章）

第三联：发票联　购买方记账凭证

表39-5　　　　　　　　　　入　库　单　　　　　　　　编　号：552003

供应单位：　　　　　　　　　　　　　　　　　　
发票号码：　　　　　2020年12月17日　　　材料类别：原料及主要材料

材料编号	名称	规格	计量单位	数量		实际采购价格		合计	备注
				应收	实收	单价	金额		
	铝锭		吨	50	50	11 160	558 000	558 000	

第二联 记账

收料人：张晓平　　负责人：王尔康　　保管：赵启明　　制单：王小玲

业务指导： 该经济业务缺少货款结算单据，表明尚未付款。
工作程序：

（1）综合岗位会计王霏审核原始凭证，并编制记账凭证。然后送交财务负责人李华审核。

（2）综合岗位会计王霏根据审核后的记账凭证登记"原材料"明细账、"应付账款"、"应交税费—应交增值税"等明细账。

业务40. 相关原始凭证见表40-1至表40-5。

表40-1

5142893673

山西增值税专用发票

发 票 联

No 23768412

5142893673

23768412

开票日期：2020 年 12 月 17 日

购买方	名　　称：	中原纺织机械有限公司				密码区	0396852597 > <40//2/06 <354 +851 <350162075 + > 95 − >89 > *774 + > − +110 < *58 <8 *5034545 + 5778988882 + 243/ + − 49 − > * * < 3501 + 01 > 303031 +/61 + </ −7		
	纳税人识别号：	9140105689740506A							
	地址、电话：	郑州市南阳路290号　63585788							
	开户行及账号：	工行和平支行 68039484 − 89							
货物或应税劳务、服务名称			规格型号	单位	数量	单价	金额	税率	税额
矿产品 煤				吨	10	600	6 000	13%	780
合　计							¥ 6 000		¥ 780
价税合计（大写）		陆仟柒佰捌拾元整					（小写）¥ 6 780		
销售方	名　　称：	山西煤矿			备注				
	纳税人识别号：	91140102389777776A							
	地址、电话：	太原市杏花岭路25号　6738331							
	开户行及账号：	工行杏花岭分行 46898573 − 34							

收款人：田甜　　复核：马娜　　开票人：田甜　　　　销售方：（章）

第二联：抵扣联　购买方扣税凭证

表40-2

5142893673

山西增值税专用发票

发 票 联

No 23768412

5142893673

23768412

开票日期：2020 年 12 月 17 日

购买方	名　　称：	中原纺织机械有限公司				密码区	0396852597 > <40//2/06 <354 +851 <350162075 + > 95 − >89 > *774 + > − +110 < *58 <8 *5034545 + 5778988882 + 243/ + − 49 − > * * < 3501 + 01 > 303031 +/61 + </ −7		
	纳税人识别号：	9140105689740506A							
	地址、电话：	郑州市南阳路290号　63585788							
	开户行及账号：	工行和平支行 68039484 − 89							
货物或应税劳务、服务名称			规格型号	单位	数量	单价	金额	税率	税额
矿产品 煤				吨	10	600	6 000	13%	780
合　计							¥ 6 000		¥ 780
价税合计（大写）		陆仟柒佰捌拾元整					（小写）¥ 6 780		
销售方	名　　称：	山西煤矿			备注				
	纳税人识别号：	91140102389777776A							
	地址、电话：	太原市杏花岭路25号　6738331							
	开户行及账号：	工行杏花岭分行 46898573 − 34							

收款人：田甜　　复核：马娜　　开票人：田甜　　　　销售方：（章）

第三联：发票联　购买方记账凭证

表 40-3

山西增值税专用发票

221364489

抵 扣 联

No 24784691
221364489
24784691
开票日期：2020 年 12 月 17 日

购买方	名　　称：中原纺织机械有限公司 纳税人识别号：9140105689740506A 地址、电话：郑州市南阳路290号　63585788 开户行及账号：工行和平支行 68039484-89	密码区	0396852597 > <40//2/06 <354+8510303162075 > + 95 - >89 > *774+ > - +110 < *58<8*5034545+ 5778988882+243/ + -97 > * * <3501+01 > 303031+/61+ </ -3

货物或应税劳务名称	规格型号	单位	数量	单价	金额	税率	税额
*交通运输服务 *货物运输服务		吨	10	20	200	9%	18
合　计					￥200		￥18
价税合计（大写）	貳佰壹拾捌元整				（小写）￥218		

销售方	名　　称：山西杏花运输公司 纳税人识别号：91140219325555334B 地址、电话：山西省太原市大同路9号　6667772 开户行及账号：工行杏花岭分行 46857398-43	备注	运输货物：煤 山西太原到河南郑州 （山西杏花运输公司 91140219325555334B 发票专用章）

收款人：吕亚平　　复核：张静怡　　开票人：吕亚平　　销货单位：（章）

第二联：抵扣联　购买方扣税凭证

表 40-4

山西增值税专用发票

221364489

发 票 联

No 24784691
221364489
24784691
开票日期：2020 年 12 月 17 日

购买方	名　　称：中原纺织机械有限公司 纳税人识别号：9140105689740506A 地址、电话：郑州市南阳路290号　63585788 开户行及账号：工行和平支行 68039484-89	密码区	0396852597 > <40//2/06 <354+8510303162075 > + 95 - >89 > *774+ > - +110 < *58<8*5034545+ 5778988882+243/ + -97 > * * <3501+01 > 303031+/61+ </ -3

货物或应税劳务名称	规格型号	单位	数量	单价	金额	税率	税额
*交通运输服务 *货物运输服		吨	10	20	200	9%	18
合　计					￥200		￥18
价税合计（大写）	貳佰貳拾捌元整				（小写）￥218		

销售方	名　　称：山西杏花运输公司 纳税人识别号：91140219325555334B 地址、电话：山西省太原市大同路9号　6667772 开户行及账号：工行杏花岭分行 46857398-43	备注	运输货物：煤 山西太原到河南郑州 （山西杏花运输公司 91140219325555334B 发票专用章）

收款人：吕亚平　　复核：张静怡　　开票人：吕亚平　　销货单位：（章）

第三联：发票联　购买方记账凭证

表40-5

电子商业汇票系统
Electronic Commercial Draft System

电子银行承兑汇票

出票日期　2020-12-17　　　　　　　　　票据状态　正常
汇票到期日　2021-05-17　　　　　　　　　票据号码　0269359

出票人全称	中原纺织机械有限公司	收款人	收款人	山西煤矿
账号	68039484-89		账号或地址	466898573-34
开户银行	工行中原和平支行		开户银行	工行杏花岭分行

票据金额	人民币（大写）	陆仟玖佰玖拾捌元整	十亿 千 百 十 万 千 百 十 元 角 分 ¥　　　　　　6 9 9 8 0 0

承兑人信息	全称	工行和平支	开户行号	67222
	账号		开户行名称	工行和平支行

交易合同号		承兑信息	出票人承诺：本汇票请予以承兑，到期无条件付款。
能否转让	可转让		承兑人承兑：本汇票已经承兑，到期无条件付款 承兑日期 2020-12-17
承兑保证信息			

评级信息（由出票人、承兑人自己记载，仅供参考）	出票人	评级主体：	信誉等级：	评级到期日：
	承兑人	评级主体：	信誉等级：	评级到期日：

> **业务指导**：该经济业务缺少入库单，表明材料尚未到达，应通过"在途物资"账户核算。
>
> 电子银行承兑汇票具有全国流通性，可以背书转让，为了方便、安全起见，按规定都是特定人网上处理，从网上下载票据，没有印鉴，审查时应注意。

业务41. 相关原始凭证见表41-1至表41-7。

表41-1　　　　　　　　　　　　　　　领　料　单

编　　号：120104
领料部门：动能分厂　　　　　　2020年12月18日　　　　　　　　类别：燃料

编号	材料名称及规格	计量单位	数　量		单　价	金　额
			请发	实发		
	煤	吨	25	25	600	15 000
	合　　计		25	25	600	15 000
用途	生产用	领料部门			发料部门	
		负责人	领料人		负责人	发料人
			周新			凌云

表41-2

领 料 单

编　号：120303

领料部门：铸造分厂　　　　　　2020年12月18日　　　　　　类别：**原料及主要材料**

编号	材料名称及规格	计量单位	数量 请发	数量 实发	单价	金额
	生铁	吨	14	12	3 000	36 000
	合计		14	12	3 000	36 000

用途	浇铸铁坯件	领料部门 负责人	领料部门 领料人	发料部门 负责人	发料部门 发料人
			贾大庆		赵明

表41-3

领 料 单

编　号：120304

领料部门：铸造分厂　　　　　　2020年12月18日　　　　　　类别：**燃料**

编号	材料名称及规格	计量单位	数量 请发	数量 实发	单价	金额
	木材	m³	3	3	1 450	4 350
	煤	吨	16	16	600	9 600
	焦炭	吨	8	8	3 000	24 000
	合计					37 950

用途	浇铸铁坯件、铝坯件	领料部门 负责人	领料部门 领料人	发料部门 负责人	发料部门 发料人
			吴军		秦刚

表41-4　　　　　铸造分厂领用燃料消耗定额　　　　　　　　　　单位：元

铁坯件	铝坯件
100	120

表41-5　　　　　材料费用分配表

单位：铸造分厂　　　　　　　2020年12月18日　　　　　　　　单位：元

产品名称	分配标准	分配率	分配金额
铁坯件			
铝坯件			
合计			

主管：　　　　　　　　　　　　复核：　　　　　　　　　　　　制表：

业务指导：铸造分厂领用燃料属于共同耗用材料，一般月终按一定的标准在自制半成品之间进行分配，本实训为简化核算，在此采用消耗定额比例进行分配。

表 41-6　　　　　　　　　　　　毛 坯 领 用 单
编　号：120402　　　　　　　　2020 年 12 月 18 日

领用单位：机一分厂　　　　　毛坯名称：铝钽件　　　　　用途：生产耗用

项目产品名称	请领数量	实发数量	单位成本	总成本
成卷机	0.8 吨	0.8 吨	6 500	5 200
混棉机	0.8 吨	0.8 吨	6 500	5 200
合　计	1.6 吨	1.6 吨	6 500	10 400

主管：　　　　审核：　　　　　　　领料：林彬　　　　　　发料：夏征

表 41-7　　　　　　　　　　　　毛 坯 领 用 单
编　号：120502　　　　　　　　2020 年 12 月 18 日

领用单位：机二分厂　　　　　毛坯名称：铝钽件　　　　　用途：生产耗用

项目产品名称	请领数量	实发数量	单位成本	总成本
成卷机	0.7 吨	0.7 吨	6 500	4 550
混棉机	0.5 吨	0.5 吨	6 500	3 250
合　计	1.2 吨	1.2 吨	6 500	7 800

主管：　　　　审核：　　　　　　　领料：丁红　　　　　　发料：夏征

业务 42. 相关原始凭证见表 42-1。

表 42-1　　　　　　　　　　　　　入 库 单

供应单位：　　　　　　　　　　　　　　　　　　　　编　号：552004
发票号码：　　　　　　　2020 年 12 月 18 日　　　　材料类别：燃料

| 材料编号 | 名称 | 规格 | 计量单位 | 数量 | | 实际采购价格 | | 合计 | 备注 | 第二联记账 |
				应收	实收	单价	金额			
	煤		吨	10	10	620	6 200	6 200		

收料人：张晓平　　　负责人：王尔康　　　保管：赵启明　　　制单：王小玲

业务指导：材料验收入库业务同前业务 16。

业务 43. 相关原始凭证见表 43-1 至表 43-6。

表 43－1

山西增值税专用发票

No 23778592

 5142738936

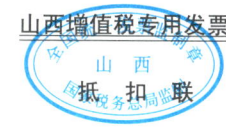
抵 扣 联

5142738936
23778592

开票日期：2020 年 12 月 19 日

购买方	名　　称：中原纺织机械有限公司 纳税人识别号：914010568974050 6A 地址、电话：郑州市南阳路290号　63585788 开户行及账号：工行和平支行 68039484－89	密码区	0396852597＞＜40//2/06＜354＋851＜350162075＋＞ 95－＞89＞＊774＋＞－＋110＜＊58＜8＊5034545＋ 5778988882＋243/＋－49－＞＊＊＜3501＋01＞ 303031＋/61＋＜/－7

货物或应税劳务、服务名称	规格型号	单位	数量	单价	金额	税率	税额
＊矿产品＊焦煤		吨	50	3 000	150 000	13%	19 500
合　计					￥150 000		￥19 500

价税合计（大写）	壹拾陆万玖仟伍佰元整	（小写）￥169 500

销售方	名　　称：山西煤矿 纳税人识别号：91140102389777776A 地址、电话：太原市杏花岭路25号　65738331 开户行及账号：工行杏花岭分行 46898573－34	备注	山西煤矿 91140102389777776A 发票专用章

收款人：田甜　　复核：樊盼盼　　开票人：田甜　　销售方：（章）

第二联：抵扣联　购买方扣税凭证

表 43－2

山西增值税专用发票

No 23778592

 5142738936

发 票 联

5142738936
23778592

开票日期：2020 年 12 月 19 日

购买方	名　　称：中原纺织机械有限公司 纳税人识别号：914010568974050 6A 地址、电话：郑州市南阳路290号　63585788 开户行及账号：工行和平支行 68039484－89	密码区	0396852597＞＜40//2/06＜354＋851＜350162075＋＞ 95－＞89＞＊774＋＞－＋110＜＊58＜8＊5034545＋ 5778988882＋243/＋－49－＞＊＊＜3501＋01＞ 303031＋/61＋＜/－7

货物或应税劳务、服务名称	规格型号	单位	数量	单价	金额	税率	税额
＊矿产品＊焦煤		吨	50	3 000	150 000	13%	19 500
合　计					￥150 000		￥19 500

价税合计（大写）	壹拾陆万玖仟伍佰元整	（小写）￥169 500

销售方	名　　称：山西煤矿 纳税人识别号：91140102389777776A 地址、电话：太原市杏花岭路25号　65738331 开户行及账号：工行杏花岭分行 46898573－34	备注	山西煤矿 91140102389777776A 发票专用章

收款人：田甜　　复核：樊盼盼　　开票人：田甜　　销售方：（章）

第三联：发票联　购买方记账凭证

表43-3

2236413489

山西增值税专用发票
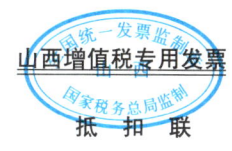
抵 扣 联

No 24769184
2236413489
24769184
开票日期：2020 年 12 月 19 日

购买方	名　　　称：中原纺织机械有限公司 纳税人识别号：9140105689740506A 地　址、电话：郑州市南阳路290号　63585788 开户行及账号：工行和平支行 68039484-89	密码区	0396852597＞＜40//2/06＜354＋8510303162075＋＞ 95－＞89＞＊774＋＞－＋110＜＊58＜8＊5034545＋ 5778988882＋243/＋－97－＞＊＊＜3501＋01＞ 303031＋/61＋＜/－3		
货物或应税劳务、服务名称	规格型号	单位	数量	单价	金额	税率	税额
＊交通运输服务 ＊货物运输服务		吨	50	90	4 500	9%	405
合　计					￥4 500		￥405
价税合计（大写）　肆仟玖佰零伍元整					（小写）￥4 905			
销售方	名　　　称：大同同庆运输公司 纳税人识别号：91140231942866332C 地　址、电话：山西省大同市太原路5号　3342231 开户行及账号：工行新荣区分行 46796858-43	备注	运输货物：焦煤，山西大同到河南郑州				

收款人：王纪峰　　　复核：王献军　　　开票人：王纪峰　　　销售方：（章）

表43-4

2236413489

山西增值税专用发票

发 票 联

No 24769184
2236413489
24769184
开票日期：2020 年 12 月 19 日

购买方	名　　　称：中原纺织机械有限公司 纳税人识别号：9140105689740506A 地　址、电话：郑州市南阳路290号　63585788 开户行及账号：工行和平支行 68039484-89	密码区	0396852597＞＜40//2/06＜354＋8510303162075＋＞ 95－＞89＞＊774＋＞－＋110＜＜58＜8＊5034545＋ 5778988882＋243/＋－97－＞＊＊＜3501＋01＞ 303031＋/61＋＜/－3		
货物或应税劳务、服务名称	规格型号	单位	数量	单价	金额	税率	税额
＊交通运输服务 ＊货物运输服务		吨	50	90	4 500	9%	405
合　计					￥4 500		￥405
价税合计（大写）　肆仟玖佰零伍元整					（小写）￥4 905			
销售方	名　　　称：大同同庆运输公司 纳税人识别号：91140231942866332C 地　址、电话：山西省大同市太原路5号　3342231 开户行及账号：工行新荣区分行 46796858-34	备注	运输货物：焦煤，山西大同到河南郑州				

收款人：王纪峰　　　复核：王献军　　　开票人：王纪峰　　　销售方：（章）

表43-5

 中 国 工 商 银 行　网上银行电子回单

电子回单号码：0031-9252-9826-1178

付款人	户名	中原纺织机械有限公司		收款人	户名	山西煤矿
	账号	680394184-89			账号	466898573-34
	开户银行	郑州工行和平支行			开户银行	工行新荣区分行
金额		人民币（大写）贰万肆仟肆佰零伍元整				￥24 405
摘要		补付货款及代垫运费		业务种类		汇划发报
用途		转账				
交易流水号		78856912		时间戳		2020-12-19-11.42.30.384362
		备注：用途：补付货款及代垫运费 汇出行：0170200268 汇出行名称：工行河南省分行账务处理中心 汇入行：0180256347 指令编号：HQP2505688679 提交人：HB001.c.1702 最终授权人： 验证码：YeToraAemPRErvDV0E1/b6hjkuy=				
记账网点	17200268		记账柜员	0012	记账日期	2020年12月19日

如需校验回单，请点击：回单验证　　　　　　　　　　　　　　　打印日期：2020年12月19日

重要提示：本回单不作为收方发货依据，并请勿重复记账

表43-6　　　　　　　　　　　入　库　单

供应单位：　　　　　　　　　　　　　　　　　　　　　　　　　　　编　号：552005

发票号码：　　　　　　　　　　2020年12月19日　　　　　　　　　材料类别：燃料

材料编号	名称	规格	计量单位	数量		实际采购价格		合计	备注	第二联记账
				应收	实收	单价	金额			
	焦炭		吨	50	50	3 090	154 500	154 500		

收料人：张晓平　　　负责人：王尔康　　　保管：赵启明　　　制单：王小玲

业务指导：该业务系第36笔业务的继续。故首先冲销"预付账款"，因本业务提供了银行的结算凭证，表明剩余款项已结算。

工作程序：

（1）综合岗位会计王霏审核原始凭证，并根据审核无误的原始凭证填制记账凭证。财务负责人李华审核记账凭证。

（2）综合岗位会计王霏根据记账凭证登记"原材料"、"应交税费"、"预付账款"等明细账。

（3）出纳员王静根据记账凭证登记"银行存款"日记账。

业务44. 相关原始凭证见表44-1。

第三部分 日常业务处理

表 44-1

 中国工商银行 网上银行电子回单

电子回单号码：0031-9252-9826-1182

付款人	户名	西北棉纺有限公司		收款人	户名	中原纺织机械有限公司
	账号	27123486-40			账号	680394184-89
	开户行	工行山西省大同支行五丰分理处			开户行	工行和平支行
金额		人民币（大写）壹佰陆拾陆万捌仟柒佰玖拾元整				￥1 668 790
摘要		收货款		业务种类		汇划发报
用途		转账				
交易流水号		78856921		时间戳		2020-12-19-10.45.38.384370
		备注： 用途：收货款 汇出行：0210310568 汇出行名称：工行山西省分行账务处理中心 汇入行：0170200268 指令编号：HQP2505688685 提交人：HB001.c.1546 最终授权人： 验证码：YeToraAemPRErvDV0E1/b7yutre=				
记账网点		17200268	记账柜员	0012	记账日期	2020年12月19日

如需校验回单，请点击：回单验证　　　　　　　　　　　　　　打印日期：2020年12月19日

重要提示：本回单不作为收款方发货依据，并请勿重复记账

业务指导： 收回前欠货款应通过"应收账款——西北棉纺有限公司"账户核算。

业务45. 相关原始凭证见表45-1。

表45-1　　　　　中国工商银行　贴现凭证（收账通知）　　　　№ 24587

申请日期：2020年12月20日

贴现汇票	种类	商业汇票		申请人	全称	中原纺织机械有限公司		此联是银行给贴现申请人的收账通知
	发票日	2020年10月20日			账号	680394184-89		
	到期日	2021年1月20日			开户银行	工行和平支行		
汇票承兑人（或银行）名称		黄河棉纺有限公司	账号	862822356-89	开户银行	工行友谊分行		
汇票金额（即贴现金额）		人民币（大写）贰拾壹万陆仟肆佰伍拾元整				￥216 450 00		
月贴现率	9‰	贴现利息	￥1 948 0		实付贴现金额	￥214 501 95		

上述款项已入你单位账户。

此致

敬礼

备注：贴现后，银行不附追索权。

2020年12月20日

知识链接

应收票据贴现是指持票人以未到期商业汇票向银行融通资金，银行按商业汇票票据的应收金额扣除一定期间的贴现利息后，将余额付给企业的筹资行为。贴现利息计入"财务费用"。

193

业务指导：

贴现利息 = 面值 × 贴现率 × 贴现期
         = 216 450 × 9‰ × 1 = 1 948.05（元）

业务46. 相关原始凭证见表46-1。

表46-1

中华人民共和国印花税票销售凭证
（证明凭证）

NO. 341015210500022125

填发日期：2020年12月20日　　　税务机关：国家税务总局郑州金水分局

纳税人识别号	914105016840506A	纳税人名称	中原纺织机械有限公司
面额种类	品目名称	数量	金额
印花税票（5元）	合同	22	110
金额合计	（大写）壹佰壹拾元整		￥110
税务机关（盖章）	代售单位（盖章）	售票人 于会清	备注 豫税销证0004905（横向联网缴款）

第一联（收据）购买单位作报销凭证

妥善保管

业务指导：

印花税是对经济活动和经济交往中书立、领受、使用的应税凭证所征收的一种税。因纳税人主要是通过在应税凭证上粘贴印花税票来完成纳税义务，故名印花税。印花税列入"税金及附加"。

业务47. 相关原始凭证见表47-1至表47-3。

表47-1

中国工商银行转账支票存根 10204122 12345678	中国工商银行　转账支票　10204122　12345678
附加信息 _____	出票日期（大写）贰零贰零年壹拾贰月贰拾壹日　付款行名称：工商银行和平支行
	收款人：中原机械研究所　　出票人账号：68039484-89
出票日期2020年12月21日	人民币（大写）伍万元整　￥50000.00
收款人：中原机械研究所	用途 购专利权　　密码1234567890123456
金　额：￥50 000	上列款项请从我账户支付　行号1020412212345678
用　途：购专利权	出票人签章
单位主管　　会计	复核　　记账

表47-2　ICBC 中国工商银行　进账单（回　单）　2

2020年12月21日

出票人	全称	中原纺织机械有限公司	收款人	全称	中原机械研究所
	账号	68039484-89		账号	61164393-46
	开户银行	工行和平支行		开户银行	工行和平支行

金额	人民币（大写）	伍万元整	亿	千	百	十	万	千	百	十	元	角	分
						¥	5	0	0	0	0	0	0

票据种类	转支	票据张数	壹张
票据号码			

备注：

中国工商银行郑州和平支行　2020.12.21　转讫

复核：　　　　记账：

此联是开户银行交给持（出）票人的回单

表47-3

 4103254665

河南增值税普通发票

发　票　联

No 13568280

4103254665
13568280

开票日期：2020年12月19日

购买方	名　　　称：	中原纺织机械有限公司	密码区	0396852597 > < 40//2/06 < 354 + 8510303162075 + > 95- >89 > * 774 + > - 110 < * 58 < 8 * 5034545 + 5778988882 + 243/ + - 97 - > * * < 3501 + 01 > 303031 +/61 < / -3
	纳税人识别号：	9141010568974050 6A		
	地　址、电话：	郑州市南阳路290号　63585788		
	开户行及账号：	工行和平支行 68039484-89		

货物或应税劳务名称	规格型号	单位	数量	单价	金额	税率	税额
*无形资产 *混棉机专利权				50 000	50 000	免税	* * *
合　计					¥50 000		* * *

价税合计（大写）	伍万元整	（小写）¥50 000

销售方	名　　　称：	中原机械研究所	备注	
	纳税人识别号：	91410138667929411D		
	地　址、电话：	郑州市南阳路 0371-67829154		
	开户行及账号：	工行南阳分行 689120721-75		

收款人：张会玲　　复核：孙爱棉　　开票人：张会玲　　销售方：（章）

第二联：发票联　购买方记账凭证

业务指导：

购混棉机专利权应通过"无形资产"账户核算。

业务48. 相关原始凭证见表48-1。

表48-1

中国工商银行　网上银行电子回单

电子回单号码：0031-9252-9826-1186

付款人	户名	中原纺织机械有限公司	收款人	户名	上海钢铁有限公司
	账号	680394184-89		账号	298354168-35
	开户行	郑州工行和平支行		开户银行	工行徐汇分
金额		人民币（大写）壹拾伍万元整		￥150 000	
摘要		购不锈钢板	业务种类	汇划发报	
用途		转账			
交易流水号		788566930	时间戳	2020-12-21-09.43.27.384381	
		备注： 用途：购不锈钢板 汇出行：0170200268 汇出行名称：工行河南省分行账务处理中心 汇入行：0112896742 指令编号：HQP2505688692 提交人：HB001.c.1702 最终授权人： 验证码：YeToraAemPRErvDV0E1/b9yutre=				
记账网点	17200268	记账柜员	0012	记账日期	2020年12月21日

如需校验回单，请点击：回单验证　　　　　　　　打印日期：2020年12月21日

重要提示：本回单不作为收款方发货依据，并请勿重复记账

业务指导： 账务处理同业务36。

业务49. 相关原始凭证见表49-1。

表49-1

中国工商银行 转账支票存根 10204112 99999999 附加信息 _____ _____ _____ 出票日期2020年12月21日 收款人：本单位 金额：￥1 500 用途：备用金 单位主管　会计	中国工商银行　现金支票　10321773　99999999 出票日期（大写）贰零贰零年壹拾贰月贰拾壹日　付款行名称：工商银行和平支行 收款人：中原纺织机械有限公司　出票人账号：680394184-89 人民币（大写）壹仟伍佰元整　￥1 500 00 用途：备用金　密码 1234567890123456 上列款项请从我账户支付 出票人签章（张生军印）　复核　记账

199

知识链接

在使用专用记账凭证时,从银行提取现金应编制"付款凭证"。

业务指导:出纳员按要求填写完整现金支票后,撕下现金支票交付银行提取现金,并根据存根联记账。

工作程序:

(1) 负责综合岗位会计王霏审核原始凭证,并根据审核无误的原始凭证填制记账凭证。

(2) 财务部负责人李华审核记账凭证。

(3) 出纳员王静负责登记"库存现金"、"银行存款"日记账。

业务50. 相关原始凭证见表 50 - 1 至表 50 - 3。

表 50 - 1

 中 国 工 商 银 行　网上银行电子回单

电子回单号码:0031 - 9252 - 9826 - 1188

付款人	户名	中原纺织机械有限公司		收款人	户名	中原机械研究所
	账号	680394184 - 89			账号	689120721 - 75
	开户行	郑州工行和平支行			开户银行	工行南阳分行
	金额	人民币(大写)贰仟捌佰元整		¥ 2 800		
	摘要	付检测费		业务种类	汇划发报	
	用途	转账				
	交易流水号	78856938		时间戳	2020 - 12 - 22 - 10. 32. 50. 384388	
	备注: 用途:付检测费 汇出行:0170200268 汇出行名称:工行河南省分行账务处理中心 汇入行:01707002276 指令编号:HQP2505688699 提交人:HB001. c. 1702 最终授权人: 验证码:YeToraAemPRErvDV0E1/b6qwdfg =					
记账网点	17200268	记账柜员		0012	记账日期	2020 年 12 月 22 日

如需校验回单,请点击:回单验证　　　　　　　　　　　　　　　　　打印日期:2020 年 12 月 22 日

重要提示:本回单不作为收款方发货依据,并请勿重复记账

表50-2

		河南增值税专用发票 					No 13568280 4103254665 13568280	
		抵 扣 联						
							开票日期：2020年12月16日	
购买方	名　　称	中原纺织机械有限公司				密码区	0396852597 > <40//2/06 <354 +8510303162075 + > 95 - >89 > *774 + > - +110 <*58 <8*5034545 + 5778988882 + 243/ + -97 - > * * <3501 +01 > 303031 +/61 + </ -3	
	纳税人识别号	9141010568974050b4						
	地址、电话	郑州市南阳路290号　63585788						
	开户行及账号	工行和平支行 68039484-89						
货物或应税劳名称	规格型号	单位	数量	单价	金额	税率	税额
*鉴证咨询费 *检测费		次	1	2 641.51	2 641.51	6%	158.49
合　计					￥2 641.51		￥158.49
价税合计（大写）	贰仟捌佰元整				（小写）￥2 800		
销售方	名　　称	中原机械研究所			备注	中原机械研究所 91410138667929411D 发票专用章
	纳税人识别号	91410138667929411D				
	地址、电话	郑州市南阳路 0371-6782915 4				
	开户行及账号	工行南阳分行 689120721-75				
收款人：王兴华		复核：李才英		开票人：王兴华		销售方：（章）

第二联：抵扣联　购买方记账凭证

表50-3

		河南增值税专用发票 					No 13568280 4103254665 13568280	
 4103254665		发 票 联						
							开票日期：2020年12月16日	
购买方	名　　称	中原纺织机械有限公司				密码区	0396852597 > <40//2/06 <354 +8510303162075 + > 95 - >89 > *774 + > - +110 <*58 <8*5034545 + 5778988882 + 243/ + -97 - > * * <3501 +01 > 303031 +/61 + </ -3	
	纳税人识别号	9141010568974050b4						
	地址、电话	郑州市南阳路290号　63585788						
	开户行及账号	工行和平支行 68039484-89						
货物或应税劳名称	规格型号	单位	数量	单价	金额	税率	税额
*鉴证咨询费 *检测费		次	1	2 641.51	2 641.51	6%	158.49
合　计					￥2 641.51		￥158.49
价税合计（大写）	贰仟捌佰元整				（小写）￥2 800		
销售方	名　　称	中原机械研究所			备注	中原机械研究所 91410138667929411D 发票专用章
	纳税人识别号	91410138667929411D				
	地址、电话	郑州市南阳路 0371-6782915 4				
	开户行及账号	工行南阳分行 689120721-75				
收款人：王兴华		复核：李才英		开票人：王兴华		销售方：（章）

第三联：发票联　购买方记账凭证

业务指导：公司支付的检测费应通过"管理费用"账户核算。

业务51. 相关原始凭证见表51-1至表51-5。

表51-1

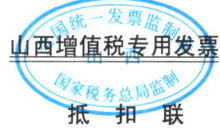

山西增值税专用发票　　　　　　　No 14791470

抵 扣 联

开票日期：2020年12月22日

购买方	名　　称：中原纺织机械有限公司 纳税人识别号：9140105689740506A 地　址、电话：郑州市南阳路290号　63585788 开户行及账号：工行和平支行 68039484-89	密码区	0396852597＞＜40//2/06＜354＋8512075＋＞95－＞89＞＊774＋＞－＋110＜＊58＜8＊5034545＋5778988882＋243/＋－－＞＊＊＜3501＋01＞303031＋/61＋＜/－
货物或应税劳务、服务名称	规格型号	单位	数量	单价	金额	税率	税额
＊金属制品 ＊圆钢		吨	30	3 400	102 000	13%	13 260
合　　计					¥102 000		¥13 260
价税合计（大写）	壹拾壹万伍仟贰佰陆拾元整				（小写）¥115 260		
销售方	名　　称：太原钢铁公司 纳税人识别号：91140102793256845E 地　址、电话：中华中路67号 63738219 开户行及账号：工行解放分行 46676248-11	备注	太原钢铁公司 91140102793256845E 发票专用章

收款人：田野　　复核：张云　　开票人：李明　　销售方：（章）

第二联：抵扣联　购买方扣税凭证

表51-2

山西增值税专用发票　　　　　　　No 14791470

发 票 联

开票日期：2020年12月22日

购买方	名　　称：中原纺织机械有限公司 纳税人识别号：9140105689740506A 地　址、电话：郑州市南阳路290号　63585788 开户行及账号：工行和平支行 68039484-89	密码区	0396852597＞＜40//2/06＜354＋8512075＋＞95－＞89＞＊774＋＞－＋110＜＊58＜8＊5034545＋5778988882＋243/＋－－＞＊＊＜3501＋01＞303031＋/61＋＜/－
货物或应税劳务、服务名称	规格型号	单位	数量	单价	金额	税率	税额
＊金属制品 ＊圆钢		吨	30	3 400	102 000	13%	13 260
合　　计					¥102 000		¥13 260
价税合计（大写）	壹拾壹万伍仟贰佰陆拾元整				（小写）¥115 260		
销售方	名　　称：太原钢铁公司 纳税人识别号：91140102793256845E 地　址、电话：中华中路67号 63738219 开户行及账号：工行解放分行 46676248-11	备注	太原钢铁公司 91140102793256845E 发票专用章

收款人：田野　　复核：张云　　开票人：李明　　销售方：（章）

第三联：发票联　购买方扣税凭证

205

表51-3

 2589407552

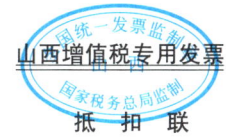

山西增值税专用发票

抵 扣 联

No 53678469
2589407552
53678469

开票日期：2020 年 12 月 22 日

购买方	名称	中原纺织机械有限公司				密码区	0396852597 > < 40//2/06 < 354 + 8510303162075 + > 95 − >89 > *774 + > − +110 < *58 <8 *5034545 + 5778988882 + 243/ + − 97 − > * * < 3501 + 01 > 303031 +/61 + </ −3		
	纳税人识别号：	9140105689740506A							
	地址、电话：	郑州市南阳路290号　91123122							
	开户行及账号：	工行和平支行 68039484-89							
货物或应税劳务名称		规格型号	单位	数量	单价	金额		税率	税额
*交通运输服务 *货物运输服务			吨	30	200	6 000		9%	540
合　计						￥6 000			￥540
价税合计（大写）		陆仟伍佰肆拾元整					（小写）￥6 540		
销售方	名称	太原昌盛运输公司				备注	运输货物：圆钢 山西太原到河南郑州 91140102465176328F 发票专用章		
	纳税人识别号：	91140102465176328F							
	地址、电话：	山西太原市桐柏路29号　9112322							
	开户行及账号：	工行新荣区分行 46758396-48							

收款人：凡亚娟　　复核：张振涛　　开票人：凡亚娟　　销售方：（章）

表51-4

 2589407552

山西增值税专用发票

发 票 联

No 53678469
2589407552
53678469

开票日期：2020 年 12 月 22 日

购买方	名称	中原纺织机械有限公司				密码区	0396852597 > < 40//2/06 < 354 + 8510303162075 + > 95 − >89 > *774 + > − +110 < *58 <8 *5034545 + 5778988882 + 243/ + − 97 − > * * < 3501 + 01 > 303031 +/61 + </ −3		
	纳税人识别号：	9140105689740506A							
	地址、电话：	郑州市南阳路290号　63585788							
	开户行及账号：	工行和平支行 68039484-89							
货物或应税劳务名称		规格型号	单位	数量	单价	金额		税率	税额
*交通运输服务 *货物运输服务			吨	30	200	6 000		9%	540
合　计						￥6 000			￥540
价税合计（大写）		陆仟伍佰肆拾元整					（小写）￥6 540		
销售方	名称	太原昌盛运输公司				备注	运输货物：圆钢 山西太原到河南郑州 91140102465176328F 发票专用章		
	纳税人识别号：	91140102465176328F							
	地址、电话：	山西太原市桐柏路29号　9112322							
	开户行及账号：	工行新荣区分行 46758396-48							

收款人：凡亚娟　　复核：张振涛　　开票人：凡亚娟　　销售方：（章）

表51-5　　　　　　　　　　入　库　单

供应单位：　　　　　　　　　　　　　　　　　　　　　编　　号：552006

发票号码：　　　　　　　　2020年12月22日　　　材料类别：原料及主要材料

材料编号	名称	规格	计量单位	数量		实际采购价格		合计	备注
				应收	实收	单价	金额		
	圆钢		吨	30	30	3 600	108 000	108 000	

第二联 记账

收料人：张晓平　　　　负责人：王尔康　　　　保管：赵启明　　　　制单：王小玲

业务指导： 本业务系第36笔业务的继续。其账务处理与第43笔业务基本相同，不同之处在于缺少银行的结算单据，表明剩余款项尚未结算，应通过"预付账款"核算。

业务52. 相关原始凭证见表52-1至表52-4。

表52-1　　　　　　　　　　　　上海增值税专用发票　　　　　　　№ 0238941723

0238941723

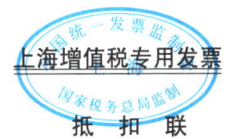

抵　扣　联

0238941723

01633985

开票日期：2020年12月23日

购货方	名　　　　称：中原纺织机械有限公司 纳税人识别号：91401056897405064 地　址、电话：郑州市高阳路290号　63585788 开户行及账号：工行和平支行 68039484-89	密码区	0396852597 > <40//2/06 <354 +8512075 + >95 - > 89 > * 774 + > - + 110 < * 58 < 8 * 5034545 + 5778988882 +243/ + - - > * * <3501 + 01 > 303031 +/61 < </ -

货物或应税劳务、服务名称	规格型号	单位	数量	单价	金额	税率	税额
*金属制品*生铁		吨	50	2 950	147 500	13%	19 175
合　　计					￥147 500		￥19 175

价税合计（大写）	壹拾陆万陆仟陆佰柒拾伍元整	（小写）￥166 675

销货方	名　　　　称：上海钢铁有限公司 纳税人识别号：91301586793847688G 地　址、电话：上海徐汇路 79628471 开户行及账号：工行建新分行 680561793-65	备注	上海钢铁有限公司 91301586793847688G 发票专用章

收款人：陈新　　复核：闫永跃　　开票人：陈新　　　销货单位：（章）

第二联：抵扣联 购货方扣税凭证

表 52-2

上海增值税专用发票　　No 0238941723

发票联

0238941723
01633985
开票日期：2020 年 12 月 23 日

购货方	名　　称	中原纺织机械有限公司				密码区	0396852597 > < 40//2/06 < 354 + 8512075 + >95 − > 89 * 774 + > − + 110 < * 58 < 8 * 5034545 + 5778988882 +243/ + − − > * * < 3501 + 01 > 303031 +/61 < / −		
	纳税人识别号：	9140105689740506A							
	地　址、电话：	郑州市南阳路290号　63585788							
	开户行及账号：	工行和平支行 68039184-89							
货物或应税劳务、服务名称			规格型号	单位	数量	单价	金额	税率	税额
*金属制品*生铁				吨	50	2 950	147 500	13%	19 175
合　计							¥147 500		¥19 175
价税合计（大写）		壹拾陆万陆仟陆佰柒拾伍元整						（小写）¥166 675	
销货方	名　　称	上海钢铁有限公司				备注	生铁，上海到河南郑州 上海钢铁有限公司 91301586793847688G 发票专用章		
	纳税人识别号：	91301586793847688G							
	地　址、电话：	上海徐汇路 79628471							
	开户行及账号：	工行建新分行 680561793-65							

收款人：陈新　　复核：闫永跃　　开票人：陈新　　销货单位：（章）

第三联：发票联　购货方扣税凭证

表 52-3

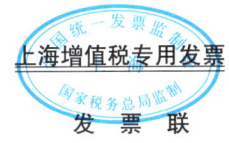

上海增值税专用发票　　No 67846975

抵扣联

2019552140
67846975
开票日期：2020 年 12 月 23 日

购货方	名　　称	中原纺织机械有限公司				密码区	0396852597 > < 40//2/06 < 354 + 8510303162075 + > 95 − >89 * 774 + > − + 110 < * 58 < 8 * 5034545 + 5778988882 + 243/ + − 97 − > * * < 3501 + 01 > 303031 +/61 < / −3		
	纳税人识别号：	9140105689740506A							
	地　址、电话：	郑州市南阳路290号　63585788							
	开户行及账号：	工行和平支行 68039184-89							
货物或应税劳务、服务名称			规格型号	单位	数量	单价	金额	税率	税额
*交通运输服务 *货物运输服务				吨	50	140	7 000	9%	630
合　计							¥7 000		¥630
价税合计（大写）		柒仟陆佰叁拾元整						（小写）¥7 630	
销货方	名　　称	上海万达运输公司				备注	生铁，上海到河南郑州 上海万达运输公司 运输货物：生铁 91310112765089432H 上海到河南郑州 发票专用章		
	纳税人识别号：	91310112765089432H							
	地　址、电话：	上海徐汇路981号　7964728							
	开户行及账号：	工行建新分行 680795613-48							

收款人：苏彬彬　　复核：苏彬彬　　开票人：苏彬彬　　销货单位：（章）

第二联：抵扣联　购买方扣税凭证

表52-4

上海增值税专用发票

发 票 联

No 67846975

2019552140

2019552140
67846975

开票日期：2020 年 12 月 23 日

购货方	名　　　称：	中原纺织机械有限公司			密码区	0396852597 > < 40//2/06 < 354 + 8510303162075 + > 95 – >89 > *774 + > – +110 < *58 <8 *5034545 + 5778988882 + 243/ + –97 – > * * < 3501 + 01 > 303031 +/61 < / –3		
	纳税人识别号：	9141010568974 0506A						
	地　址、电话：	郑州市南阳路290号　63585788						
	开户行及账号：	工行和平支行 68039484-89						
货物或应税劳务名称	规格型号	单位	数量	单价	金额	税率	税额
*交通运输服务 *货物运输服务		吨	50	140	7 000	9%	630
合　计					￥7 000		￥630
价税合计（大写）	柒仟陆佰叁拾元整				（小写）￥7 630		
销货方	名　　　称：	上海万达运输公司			备注	生铁，上海到河南郑州		
	纳税人识别号：	91310112765089432H						
	地　址、电话：	上海徐汇路981号　7964728						
	开户行及账号：	工行建新分行 680795613-48						

收款人：苏彬彬　　　复核：苏彬彬　　　开票：苏彬彬　　　销货单位：（章）

> **业务指导**：该业务系第48笔业务的继续。其账务处理基本同第51笔业务。因本业务没有提供原材料入库单，表明材料尚未验收入库，应通过"在途物资"账户核算。

业务53. 相关原始凭证见表53-1至表53-4。

表53-1

上海增值税专用发票

抵 扣 联

No 03472258
0232356429
03472258

开票日期：2020 年 12 月 23 日

 0232356429

购货方	名　称：中原纺织机械有限公司 纳税人识别号：9140105689740506A 地址、电话：郑州市南阳路290号　63585788 开户行及账号：工行和平支行 68039184-89	密码区	0396852597 > <40//2/06<354+8515+>952075+> 95->89>*774+>-+110<*58<8*5034545+ 5778988882+243/+-67->**<3501+01> 303031+/61+</-3

货物或应税劳务名称	规格型号	单位	数量	单价	金额	税率	税额
*电气机械 *电子元器件		件	10	8 670	86 700	13%	11 271
合　计					¥86 700		¥11 271

价税合计（大写）	玖万柒仟玖佰柒拾壹元整	（小写）¥99 791

销货方	名　称：上海电器有限公司 纳税人识别号：91310112634589611J 地址、电话：上海洛阳路 794459163 开户行及账号：工行徐汇分行 29835168-35	备注	上海电器有限公司 91310112634589611J 发票专用章

第二联：抵扣联　购买方扣税凭证

收款人：张建　　复核：邢伟东　　开票人：张建　　销货单位：（章）

表53-2

上海增值税专用发票

发 票 联

No 03472258
0232356429
03472258

开票日期：2020 年 12 月 23 日

购货方	名　称：中原纺织机械有限公司 纳税人识别号：9140105689740506A 地址、电话：郑州市南阳路290号　63585788 开户行及账号：工行和平支行 68039184-89	密码区	0396852597 > <40//2/06<354+8515+>952075+> 95->89>*774+>-+110<*58<8*5034545+ 5778988882+243/+-67->**<3501+01> 303031+/61+</-3

货物或应税劳务名称	规格型号	单位	数量	单价	金额	税率	税额
*电气机械 *电子元器件		件	10	8 670	86 700	13%	11 271
合　计					¥86 700		¥11 271

价税合计（大写）	玖万柒仟玖佰柒拾壹元整	（小写）¥99 791

销货方	名　称：上海电器有限公司 纳税人识别号：91310112634589611J 地址、电话：上海洛阳路 794459163 开户行及账号：工行徐汇分行 29835168-35	备注	上海电器有限公司 91310112634589611J 发票专用章

第三联：发票联　购买方扣税凭证

收款人：张建　　复核：邢伟东　　开票人：张建　　销货单位：（章）

表 53-3

2013321577

上海增值税专用发票
抵 扣 联

No 61829443
2013321577
61829443
开票日期：2020 年 12 月 23 日

购货方	名　　称	中原纺织机械有限公司				密码区	0396852597 > < 40//2/06 < 354 + 8510303162075 + > 95 − >89 > *774 + > − 110 < *58 <8 *5034545 + 5778988882 + 243/ + − 97 − > * * < 3501 + 01 > 303031 +/61 + </ −3		
	纳税人识别号	91410105689740506A							
	地址、电话	郑州市南阳路290号　63585788							
	开户行及账号	工行和平支行 68039184−89							
货物或应税劳务名称		规格型号	单位	数量	单价		金额	税率	税额
*交通运输服务 *货物运输服务			件	10	80		800	9%	72
合　计							￥800		￥72
价税合计（大写）		捌佰柒拾贰元整					（小写）￥872		
销货方	名　　称	上海大发运输公司				备注	电子元器件；上海到河南郑州 运输货物；电器元件 上海到河南郑州		
	纳税人识别号	91310112279445916K							
	地址、电话	上海徐汇路657号　8974452							
	开户行及账号	工行建新分行 685607913−48							

第二联：抵扣联　购买方扣税凭证

收款人：张庆辉　　复核：孙华楠　　开票人：张庆辉　　销货单位：（章）

表 53-4

2013321577

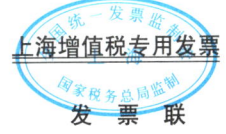
上海增值税专用发票
发 票 联

No 61829443
2013321577
61829443
开票日期：2020 年 12 月 23 日

购货方	名　　称	中原纺织机械有限公司				密码区	0396852597 > < 40//2/06 < 354 + 8510303162075 + > 95 − >89 > *774 + > − 110 < *58 <8 *5034545 + 5778988882 + 243/ + − 97 − > * * < 3501 + 01 > 303031 +/61 + </ −3		
	纳税人识别号	91410105689740506A							
	地址、电话	郑州市南阳路290号　63585788							
	开户行及账号	工行和平支行 68039184−89							
货物或应税劳务名称		规格型号	单位	数量	单价		金额	税率	税额
*交通运输服务 *货物运输服务			件	10	80		800	9%	72
合　计							￥800		￥72
价税合计（大写）		捌佰柒拾贰元整					（小写）￥872		
销货方	名　　称	上海大发运输公司				备注	电子元器件；上海到河南郑州 运输货物；电器元件 上海到河南郑州		
	纳税人识别号	91310112279445916K							
	地址、电话	上海徐汇路657号　8974452							
	开户行及账号	工行建新分行 685607913−48							

第三联：发票联　购买方扣税凭证

收款人：张庆辉　　复核：孙华楠　　开票人：张庆辉　　销货单位：（章）

业务指导： 增值税一般纳税人购进或销售货物支付的运输费用，取得增值税专用发票，可作为增值税扣税凭证。

工作程序：

（1）综合岗位会计王霜审核原始凭证，并根据审核无误的原始凭证填制记账凭证。财务负责人李华审核记账凭证。

（2）综合岗位会计王霜根据记账凭证登记"在途物资"、"应交税费"、"应付账款"等明细账。

业务54. 相关原始凭证见表54-1。

表54-1　　　　　　　　　　　入　库　单

供应单位：　　　　　　　　　　　　　　　　　　　　　　　编　号：552007
发票号码：　　　　　　　　2020年12月24日　　　　　　　材料类别：外购配件

材料编号	名称	规格	计量单位	数量		实际采购价格		合计	备注
				应收	实收	单价	金额		
	电子元器件		件	10	10	8 750	87 500	87 500	

收料人：张晓平　　　负责人：王尔康　　　保管：赵启明　　　制单：王小玲

业务指导： 原材料验收入库应计算入库原材料的实际采购成本，通过"原材料——外购配件"账户核算。

业务55. 相关原始凭证见表55-1、表55-2。

表55-1　　　　　　　　产　成　品　入　库　单

单位：仓库　　　　　　　　　　2020年12月24日

名　称	计量单位	数量	实际单位成本	金　额
混棉机	台	1		
合　　计				

表55-2　　　　　　　　　　　入　库　单

自制半成品系（类）　　　　　2020年12月24日　　　　　　　编号：330302

名称	规格	单位	数量		实际单价	金　额							
			应收	实收		十万	万	千	百	十	元	角	分
铁坯件		吨		11									
铝坯件		吨		3									
合　　计													

经手人：刘祥　　　　　　　　　　　　　　　　　　　制单：孔祥

业务指导：比照第 20 笔业务处理。

业务 56. 相关原始凭证见表 56-1 至表 56-3。

表 56-1

湖北增值税电子普通发票

发票代码：042002000311
发票号码：68721216
开票日期：2020 年 12 月 16 日
校验码：76124472763418804133

机器编号：661814571839

购货方	名称	中原纺织机械有限公司	密码区	5＜＋3537/＜9＋79548＊81/3－96＜5－3/28316＋＞ 5＜－/1－7710＊431－－44300＞4－＊＋/5641＋－ ＋898－＞809－/07＜512＞097803/62－6＞84699 ＋/19
	纳税人识别号	9140105689740506A		
	地址、电话	郑州市南阳路 290 号 63585788		
	开户行及账号	工行和平支行 68039184-89		

货物或应税劳务、服务名称	规格型号	单位	数量	单价	金额	税率	税额
*印刷品*得力（deli）12本A5/30张牛皮纸无线胶装软抄本记事本工作笔记本子文具办公用品7635	7635	包	13	16.73	217.43	13%	28.27
合　计					￥217.43		￥28.27

价税合计（大写）　　　贰佰肆拾圆柒角　　　　　　　　　　　　（小写）￥245.70

销货方	名称	武汉京东金德贸易有限公司	备注	订单号：153500054434
	纳税人识别号	9142011733356690XY		
	地址、电话	武汉市新洲区阳逻经济开发区红岗村（创新服务中心11楼）027-8429502		
	开户行及账号	交通银行武汉汉阳支行 421865098018800012527		

收款人：王陆　　复核：李思　　开票人：王梅　　　　销货单位：（章）

表56-3　　　　　　　　　　　费 用 报 销 单
所属部门：总经理办公室　　　　　2020年12月25日　　　　　　　　　第27号

费用	摘要	金额								
		十万	千	百	十	元	角	分	
办公费	办公用品			2	4	5	7	0	
合计人民币（大写）	⊗拾⊗万⊗仟贰佰肆拾伍元柒角零分		¥	2	4	5	7	0	

（现金付讫）　附单据2张

经手人：李华　　　记账：　　　出纳：　　　复核：　　　报销人：黄波

业务指导：公司购买的办公用品应通过"管理费用"账户核算。

业务57. 相关原始凭证见表57-1、表57-2。

表57-1　　　　　　　　中国工商银行　电汇凭证（收账通知）　　3
委托日期 2020年12月24日　　　　　　　　　　　　　　　第0053473号

付款人	全称	华北棉纺有限公司	收款人	全称	中原纺织机械有限公司	此联是收款人开户银行交给收款人的收账通知
	账号	780264593-56		账号	68039484-89	
	汇出地点	石家庄中山路6328574		汇入地点	郑州市南阳路290号	
	汇出行名称	工行中山分行		汇入行名称	工行和平支行	

金额	人民币（大写）	壹佰壹拾捌万捌仟叁佰陆拾元整	亿	千	百	十	万	千	百	十	元	角	分
				¥	1	1	8	8	3	6	0	0	0

汇款用途：购混棉机、成卷机	支付密码	
上列款项请在本人的账户内支付，并按照汇兑结算规定汇给收款人。	附加信息及用途：	中国工商银行郑州和平支行 2020.12.24 转讫 4
汇款人签章	复核	记账

表57-2

购 销 合 同

甲方：中原纺织机械有限公司　　合同编号 XS2020-1205
乙方：华北棉纺有限公司　　签订地点及时间：郑州 2020.12.24

双方经友好协商，就采用预收货款销货方式，订立如下合同：
一、产品名称、型号、数量、单价、金额、供货

产品名称	计量单位	数量	不含税单价	不含税金额	交货时间
成卷机	台	2	216 000	432 000	合同生效后5日内发货
混棉机	台	3	203 000	609 000	合同生效后5日内发货
合计				1 041 000	

二、质量要求和技术标准、供方对质量负的责任和期限：按国家部颁标准执行，质保期为设备开车一年或货物到现场十八个月，以先到时间为准。

三、交（提）货地点：供方成品库。

四：运输方式及到达站港和费用负担：需方自行提运，费用自付。

五、合理损耗及计算方法：无

六、包装标准、包装物的供应与回收：按供方产品标准包装，包装物不回收。

七、验收标准、方法及提出异议期限：按供方产品标准执行，

八、随机备品、备件工具数量及供应办法：无

九、结算方式及期限：乙方于合同签订后两日内预付货款壹佰壹拾捌万捌仟叁佰陆拾元整（￥1 188 360元），供方发货后开具全额增值税专用发票，其余货款待乙方收到商品后三日内一次结清。

十、如需提供担保，另立合同担保书，作为本合同附件：无

十一、违约责任：按《合同法》执行

十二、解决合同纠纷的方式：双方协商解决。

十三、其他约定事项：无

三、供货时间：甲方于收到预付货款后五日内发出商品。

四、违约责任：违约方向守约方交违约金 10 000 元。

甲方：盖章
代表签字：李华
2020 年 12 月 24 日

乙方：盖章
代表签字：陈波
2020 年 12 月 24 日

业务指导：根据上述原始凭证编制记账凭证，需增设"预收账款"总账及明细分类账户。

业务58. 相关原始凭证见表58-1至表58-5。

表58-1

4100056148

河南增值税专用发票

此联不作报销、扣税凭证使

No 00792462

4100056148

00792462

开票日期：2020 年 12 月 25 日

购买方	名　　　称：华北棉纺有限公司 纳税人识别号：91310847056689235L 地　址、电话：石家庄中山路 6328574 开户行及账号：工行中山分行 780264593-56	密码区	40<+6+14//295/81-283/907<813266*26<6+ 61->*+<81*+0736025/>06059>3<1>*- <9+5/6>1>3/>>29907<813266*26<6+61+ >+>293<1>*-<9+5/6>1>3/>> 2936025/>36025/>

货物或应税劳务、服务名称	规格型号	单位	数量	单价	金额	税率	税额
*纺织机械*成卷机		台	2	216 000	432 000	13%	56 160
*纺织机械*混棉机		台	3	203 000	609 000	13%	79 170
合　计					¥1 041 000		¥135 330

价税合计（大写）　壹佰壹拾柒万陆仟叁佰叁拾元整　　　　　　　（小写）¥1 176 330

销售方	名　　　称：中原纺织机械有限公司 纳税人识别号：：91410105689740506A 地　址、电话：郑州市南阳路290号 6585788 开户行及账号：工行和平支行 68039484-89	备注	校验码 15356 76021 44472 （中原纺织机械有限公司 91410105689740506A 发票专用章）

收款人：刘娟　　　复核：张前进　　　开票人：刘娟　　　销售方：（章）

第一联：记账联　销售方记账凭证

表58-2　　　　　　　　　　　　出　库　单

发货仓库：仓库
提货单位：华北棉纺有限公司　　2020 年 12 月 25 日　　　　　　　编　号：668003

类别	编号	名称型号	单位	应发数量	实发数量	单位成本	金额
产品		成卷机	台	2	2		
		混棉机	台	3	3		
		合　计					

负责人：丁俊　　　　　保管：黄云　　　　　填单：王丽

第三联　财务记账

227

表58-3

中国工商银行转账支票存根 10204122 12345678	中国工商银行　转账支票　10204122　12345678

出票日期（大写）：贰零贰零年壹拾贰月贰拾伍日　付款行名称：工商银行和平支行
收款人：联运公司　出票人账号：68039484-89

人民币（大写）肆仟元整　￥4000.00

用途：代垫运费
密码 1234567890123456
行号 1020412212345678

出票日期 2020 年 12 月 25 日
收款人：联运公司
金　额：￥4000
用　途：代垫运费
单位主管　　会计

表58-4　ICBC  中国工商银行　进账单（回单）　2

2020 年 12 月 25 日

出票人	全称	中原纺织机械有限公司	收款人	全称	联运公司
	账号	68039484-89		账号	66164865-60
	开户银行	工行和平支行		开户银行	工行和平支行

金额　人民币（大写）肆仟元整　￥4000.00

票据种类	转支	票据张数	壹张
票据号码			
备注			

中国工商银行郑州和平支行　2020.12.25　转讫

复核：　　记账：

此联是开户银行交给持（出）票人的回单

表58-5

中国工商银行 网上银行电子回单

电子回单号码：0031-9252-9826-1192

付款人	户名	中原纺织机械有限公司	收款人	户名	华北棉纺有限公司
	账号	680394184-89		账号	780264593-56
	开户行	郑州工行和平支行		开户银行	工行石家庄中山分行
金额		人民币（大写）捌仟零叁拾元整		￥8 030	
摘要		退还货款	业务种类	汇划发报	
用途		转账			
交易流水号		78856943	时间戳	2020-12-25-11.47.34.384393	
		备注： 用途：退还货款 汇出行：0180120589 汇出行名称：工行河南省分行账务处理中心 汇入行：0170200268 指令编号：HQP2505688705 提交人：HB001.c.1702 最终授权人： 验证码：YeToraAemPRErvDV0E1/b6fghyt=			
记账网点		17200268	记账柜员	0012	记账日期	2020年12月25日

如需校验回单，请点击：回单验证　　　　　　　　　　　　　　　　　　打印日期：2020年12月25日

重要提示：本回单不作为收款方发货依据，并请勿重复记账

业务指导：该业务系第57笔业务的继续。故首先按照计算的销售价税合计金额，冲销"预收账款"，代垫的运费也应冲销"预收账款"，因本业务还提供了银行的网上银行电子回单，表明本公司是采用网银结算方式付款，剩余货款已从银行存款账户中划出，应冲销"预收账款"余额。

工作程序：

（1）综合岗位会计王霏审核原始凭证，并根据审核无误的原始凭证填制记账凭证。财务负责人李华审核记账凭证。

（2）综合岗位会计王霏根据记账凭证登记"预收账款"、"主营业务收入"、"应交税费"等明细账。

（3）出纳员王静根据记账凭证登记"银行存款"日记账。

业务59. 相关原始凭证见表59-1。

表59-1

中国工商银行 网上银行电子回单

电子回单号码：0031-9252-9826-1195

付款人	户名	五一棉纺有限公司		收款人	户名	中原纺织机械有限公司
	账号	806186740-59			账号	680394184-89
	开户行	工行郑州中州分行			开户银行	工行郑州和平支行
金额		人民币（大写）伍万捌仟伍佰伍拾捌元整				￥58 558
摘要		还款		业务种类		汇划发报
用途		转账				
交易流水号		78856948		时间戳		2020-12-26-11.36.36.384396
（电子回单专用章）	备注： 用途：还款 汇出行：0235846327 汇出行名称：工行河南省分行账务处理中心 汇入行：0170200268 指令编号：HQP2505688708 提交人：HB001.c.1702 最终授权人： 验证码：YeToraAemPRErvDV0E1/b6TWjkh=					
记账网点		17200268	记账柜员	0012	记账日期	2020年12月26日

如需校验回单，请点击：回单验证　　　　　　　　　　　　　　打印日期：2020年12月26日

重要提示：本回单不作为收款方发货依据，并请勿重复记账

业务60．相关原始凭证见表60-1至表60-4。

表60-1

中国工商银行 转账支票存根 10204122 12345678	中国工商银行　转账支票　　10204122 　　　　　　　　　　　　　　　12345678
附加信息 出票日期2020年12月27日 收款人：中国太平洋保险公司 金　额：￥23 320 用　途：2021年保险费 单位主管　　会计	出票日期（大写）贰零贰零年壹拾贰月贰拾柒日　付款行名称：工商银行和平支行 收款人：中国太平洋保险公司　　　　　　　出票人账号：68039484-89 人民币（大写）贰万叁仟叁佰贰拾元整　　亿千百十万千百十元角分 　　　　　　　　　　　　　　　　　　　　　　￥2 3 3 2 0 0 0 用途 2021年保险费　　　　　密码 1234567890123456 上列款项请从　　　　　　　　行号 1020412212345678 我账户支付　（生张印军）　（中原纺织机械有限公司财务专用章） 出票人签章　　　　　　　　　复核　　　　　记账

233

表60-2 ICBC 中国工商银行 进账单（回单） 2

2020年12月27日

出票人	全称	中原纺织机械有限公司	收款人	全称	中国太平洋保险公司
	账号	68039484-89		账号	1901451632011
	开户银行	工行和平支行		开户银行	平安银行郑州分行

金额	人民币（大写）	贰万叁仟叁佰贰拾元整	亿	千	百	十	万	千	百	十	元	角	分
							¥	2	3	3	2	0	0

票据种类	转支	票据张数	壹张
票据号码			

备注：

中国工商银行郑州和平支行 2020.12.27 转讫

复核：　　　　记账：

此联是开户银行交给持（出）票人的回单

表60-3

4100164320

河南增值税专用发票

抵扣联

No 06885701

4100164320

06885701

开票日期：2020年12月27日

购货方	名称：	中原纺织机械有限公司	密码区	0396852597 > <40//2/06<354+8510303162075+> 95->89>*774+>-+110<<58<8*5034545+ 5778988882+243/+-97->**<3504+01> 303031+/61＜/-3
	纳税人识别号：	9140105689740506A		
	地址、电话：	郑州市南阳路290号 63585788		
	开户行及账号：	工行和平支行 68039484-89		

货物或应税劳务、服务名称	规格型号	单位	数量	单价	金额	税率	税额
*保险服务*财产保险服务		份	1	22 000	22 000	6%	1 320
合　计					¥22 000		¥1 320

价税合计（大写）　贰万叁仟叁佰贰拾元整　　　　　（小写）¥23 320

销货方	名称：	中国太平洋保险公司	备注	中国太平洋保险公司 91121324690087699M 发票专用章
	纳税人识别号：	91121324690087699M		
	地址、电话：	郑州市经三路68号 67123451		
	开户行及账号：	平安银行郑州分行 1901451632011		

收款人：李阳　　复核：孙肖静　　开票人：李阳　　销货单位：（章）

第二联：抵扣联 购买方扣税凭证

表 60-4

4100164320

河南增值税专用发票

发票联

No 06885701

4100164320

06885701

开票日期：2020 年 12 月 27 日

购货方	名　　称	中原纺织机械有限公司				密码区	0396852597 > < 40//2/06 < 354 + 8510303162075 + > 95 − >89 > *774 + > − +110 << 58 <8 * 5034545 + 5778988882 + 243/ + − 97 − > * * < 3504 + 01 > 303031 +/61 + </ −3		
	纳税人识别号	9140105689740506A							
	地址、电话	郑州市南阳路290号　63585788							
	开户行及账号	工行和平支行 68039184-89							
货物或应税劳务、服务名称		规格型号	单位	数量	单价		金额	税率	税额
*保险服务 *财产保险服务			份	1	22 000		22 000	6%	1 320
合　　计							¥22 000		¥1 320
价税合计（大写）		贰万叁仟叁佰贰拾元整					（小写）¥ 23 320		
销货方	名　　称	中国太平洋保险公司			备注		中国太平洋保险公司 91121324690087699M 发票专用章		
	纳税人识别号	91121324690087699M							
	地址、电话	郑州市经三路68号　67123451							
	开户行及账号	平安银行郑州分行 19014515632011							

收款人：李阳　　复核：孙宵静　　开票人：李阳　　销货单位：（章）

> **业务指导**：公司预付的财产保险费是 2021 年度，应通过"预付账款"账户核算，并且在收益期内平均分摊。

业务 61. 相关原始凭证见表 61-1 至表 61-3。

费用报销单后另附单据：92#汽油发票共有 1 张，金额 1500 元；停车费共有 9 张 5 元的（票样如下），金额合计 45 元。

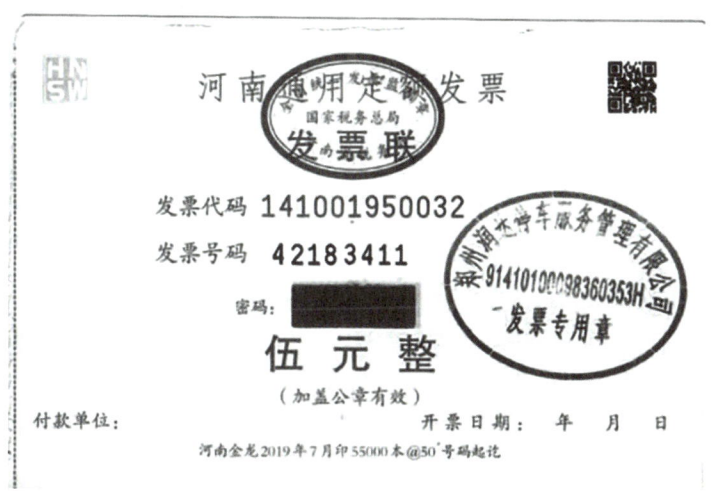

表 61-2

河南增值税电子普通发票

发票代码：0410032546625
发票号码：64568280
开票日期：2020年12月16日
校验码：77970418966665233241

成品油
机器编码：661719674531

购货方	名称	中原纺织机械有限公司				密码区	0396852597＞＜40//2/06＜354＋8510303162075＋＞95－＞89＞＊774＋＞－＋110＜＊58＜8＊5034545＋5778988882＋243/＋－97－＞＊＊＜3504＋01＞303031＋/61＋＜/－3		
	纳税人识别号	914101056897Q0506A							
	地址、电话	郑州市南阳路290号 63585788							
	开户行及账号	工行和平支行 68039184-89							
货物或应税劳名称	规格型号	单位	数量	单价	金额	税率	税额		
*乙醇汽油 *92号车用乙醇汽油		升	217.38	6.106495	1327.43	13%	172.57		
合　计					¥1327.43		¥172.57		
价税合计（大写）	壹仟伍佰元整				（小写）¥1500				
销货方	名称	河南中油联合石油天然气销售有限公司			中油联合郑州第十五加油站				
	纳税人识别号	91410100062662345I							
	地址、电话	郑州市金水区金水路66号 0371-67888154			备注				
	开户行及账号	工行二七路支行 1702819292005152I							

收款人：刘海晴　复核：凡飞强　开票人：刘海晴　销货单位：（章）

表 61-3　　　　　　　　　费　用　报　销　单

所属部门：总经理办公室　　　2020年12月27日　　　　　　　第28号

费用	摘要	金 额							附单据10张
		十万	千	百	十	元	角	分	
车辆使用费	92#汽油			1	5	0	0	0	
	停车费					4	5	0	
合计人民币（大写）	壹仟伍佰肆拾伍元零角零分	¥		1	5	4	5	0	0

经手人：李华　　记账：　　出纳：　　复核：　　报销人：黄波

业务指导：汽油费、停车费的单据应粘贴在费用报销单的后面，费用报销单上加盖有"现金付讫"章表明出纳已将现金1545元交给报销人。汽油费、停车费等费用的报销，按所属部门计入相应账户中，本业务应列入"管理费用"。

业务62. 相关原始凭证见表62-1。（长期借款，2020年11月20日工程达到预定可使用状态）

第三部分 日常业务处理

表62-1　　　　　　　　中国工商银行存（贷款）利息回单

币种：人民币（本位币）　　　　　　单位：元　　　　　　2020年12月21日

付款人	户名	中原纺织机械有限公司		收款人	户名	工行郑州和平支行	
	账号	68039484-89			账号		
实收（付）金额				计息户账号			
借据编号		170002150031284		借据序号		170202209319	
备注	起息日期	止息日期	积数/息余	利率		利息	
	2020-09-21	2020-12-20		4.95		￥22 398.75	
	调整利息：					冲正利息：	
	应收（付）利息合计：贰万贰仟叁佰玖拾捌元柒角五分						
			银行章：			经办人：	

（加盖：中国工商银行股份有限公司 郑州市和平支行 业务专用章 D31A60134679 打印柜员06）

业务指导：12月28日，根据利息清单（付款通知）工行郑州和平支行已将利息22398.75元，从本公司的银行存款账户中划出，根据准则规定工程建造期间的利息予以资本化应列作"在建工程"，工程达到预定可使用状态后予以费用化列入"财务费用"。

工作程序：

（1）综合岗位会计王霏审核原始凭证，并根据审核无误的原始凭证填制记账凭证。财务负责人李华审核记账凭证。

（2）综合岗位会计王霏根据记账凭证登记"在建工程"、"财务费用"明细账。出纳员王静根据记账凭证登记"银行存款"日记账。

业务63. 相关原始凭证见表63-1。

表63-1　　　　　　　　中国工商银行存（贷款）利息回单

币种：人民币（本位币）　　　　　　单位：元　　　　　　2020年12月21日

付款人	户名	工行郑州和平支行		收款人	户名	中原纺织机械有限公司	
	账号				账号	680394184-89	
实收（付）金额				计息户账号			
借据编号		170002150031284		借据序号		170202209319	
备注	起息日期	止息日期	积数/息余	利率		利息	
	2020-09-21	2020-12-20				￥1 618.64	
	调整利息：					冲正利息：	
	应收（付）利息合计：壹仟陆佰壹拾捌元陆角肆分						
			银行章：			经办人：	

（加盖：中国工商银行股份有限公司 郑州市和平支行 业务专用章 E31A60134683 打印柜员01）

业务64. 相关原始凭证见表64-1至表64-4。

表64-1　　　　　　　　　　　　　**差旅费报销单**

所属单位：铸造分厂　　　　　　2020年12月28日　　　　　　第33320号

姓名	张敏	同行人印	无	共1人	审批人印	吴欣	事由	开会	自2020年12月20日 至2020年12月23日		4天	
出发			到达		小计	火车费	市内车费	住宿费	途中伙食补贴		住勤费	
月	日	地点	月	日	地点					天数	金额	天数	金额
12	20	郑州	12	20	西安	194	154			1	40		
12	23	西安	12	23	郑州	714	154		460	1	40	2	60
合计						908	308		460		80		60

附件3张

现金付讫

原借款金额	交回结余金额	报销总额（单位：元）	人民币大写玖佰零捌元整　（¥908）

部门主管：吴欣　　　核准人：李华　　　出纳：王静　　　报销人：张敏

表64-2

西安增值税电子普通发票

发票代码：041002000111
发票号码：98676231
开票日期：2020年12月23日
校 验 码：01013122491834316431

机器编号：589911063550

购货方	名　　称：中原纺织机械有限公司 纳税人识别号：9141010568974050六A 地址、电话：郑州市南阳路290号　63585788 开户行及账号：工行和平支行 68039184-89	密码区	03＞＜*3＞＜*2435*5//6+729-15-*0*56/＞ 779692+23786*9597+6*216＞*42/08＜83＞936* 0953＜2023/0＞68/7/1-066/01+89-198/744*0248

货物或应税劳务、服务名称	规格型号	单位	数量	单价	金额	税率	税额
*住宿服务 *住宿费		天	2	216.98	433.96	6%	26.04
合　计					¥433.96		¥26.04
价税合计（大写）	肆佰陆拾元整				（小写）¥460.00		

销货方	名　　称：西安市远程酒店有限公司 纳税人识别号：613302005630157五4A 地址、电话：西安市长安区韦曲街969号 　　　　　　0919-85022087 开户行及账号：招商银行西安韦曲支行 　　　　　　9719166五810833	备注	西安市远程酒店有限公司 613302005630157五4A 发票专用章

收款人：丁瑞玲　　　复核：杨秀云　　　开票人：李鹏　　　销货单位：（章）

表64-3

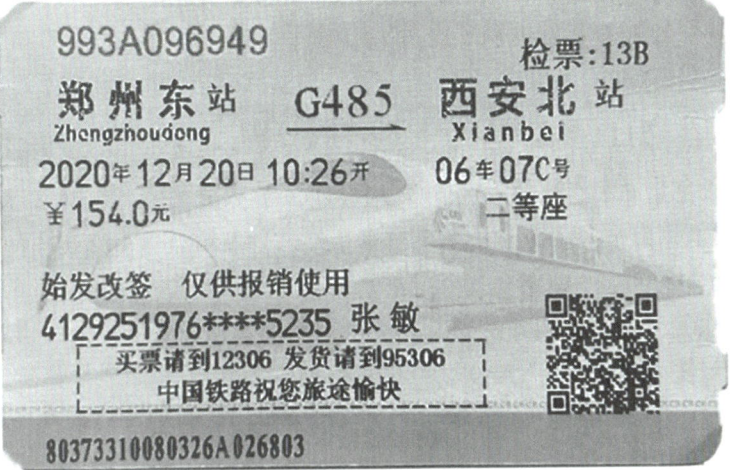

表64-4

业务指导：公司报销人员应将火车票、住宿发票等单据粘贴在差旅费报销单的后面，费用报销单上加盖有"现金付讫"章表明出纳已将现金908元付给报销人员。差旅费的报销，应按报销人员所属部门计入相应账户中，本业务应计入"制造费用"。报销标准按所在单位相关规定执行。

按规定，取得注明旅客身份信息的铁路车票的，按照下列公式计算抵扣进项税额：

铁路旅客运输进项税额 = 票面金额 ÷ （1 + 9%） × 9%

工作程序：

（1）综合岗位会计王霏审核原始凭证，并根据审核无误的原始凭证填制记账凭证。财务负责人李华审核记账凭证。

（2）综合岗位会计王霏根据记账凭证登记"制造费用"明细账。

（3）出纳员王静根据记账凭证登记"库存现金"日记账。

业务65. 相关原始凭证见表65-1。（短期借款）

表65-1 中国工商银行存（贷）利息回单

币种：人民币（本位币）　　2020年12月21日　　　　　单位：元

付款人	户　名	中原纺织机械有限公司		收款人	户　名	工行郑州和平支行
	账　号	68039484-89			账　号	
实收（付）金额				计息户账号		
借据编号		1700021150033275		借据序号		170202209416

	起息日期	止息日期	积数/息余	利率	利息
备注	2020-09-21	2020-12-20			￥10 175.18
	调整利息：				冲正利息：
	应收（付）利息合计：壹万零壹佰柒拾伍元壹角捌分				

银行章：　　　　　　　　　　　经办人：

（印章：中国工商银行股份有限公司 郑州市和平支行 业务专用章 D31A60134542 打印柜员 03）

业务指导：12月28日，根据利息清单（付款通知）工行郑州和平支行已将利息10175.18元，从本公司的银行存款账户中划出，短期借款利息应通过"财务费用"账户核算。

业务66. 相关原始凭证见表66-1。

表66-1 出库单

领用部门：公司办公室　　2020年12月29日　　　　编号：857001

材料编号	材料名称	单位	请领数量	实发数量	单价	金额
	办公桌椅		5	5		3539.82
	铁皮柜		2	2		1061.95
用途	领料部门			发料部门		
	负责人		领料人	核准人		发料人
	张铭		赵欣	刘志		杨山

第二联　记账联

业务指导：公司领用办公桌椅、铁皮柜等一方面应冲减周转材料，另一方面按领用部门计入相应账户中，本业务应通过"管理费用"账户核算。

业务67. 相关原始凭证见表67-1至表67-3。

表67-1

| 中国工商银行 转账支票存根 10204122 12345678 | 中国工商银行　转账支票　10204122　12345678 |

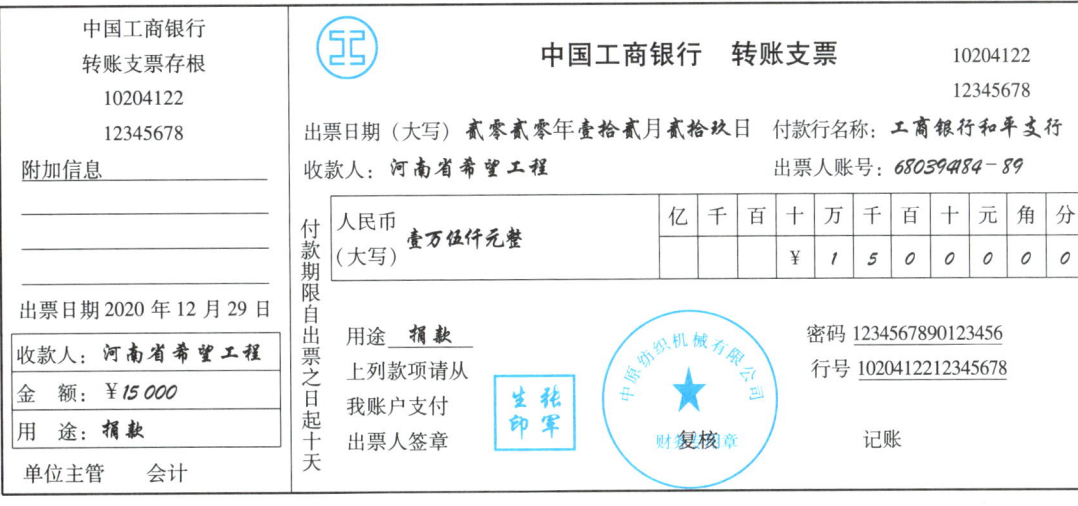

表67-2　ICBC　中国工商银行　进账单（回单）2
2020年12月29日

表67-3　　　　　　　　　河南省公益事业捐赠票据　　　　　　　　No 00834758

收据联

2020年12月29日

捐赠者	中原纺织机械有限公司		货币种类	人民币	
捐赠项目	爱心圆梦大学				
项目	单位	规格	数量	单价	金额
合计					￥15 000
人民币（大写）	壹万伍仟元整				￥15 000

制单：　　　　收款人：舒心　　　　记账：　　　　复核：　　　　单位（盖章）

业务指导：公司向希望工程捐款应通过"营业外支出"账户核算。

业务68. 相关原始凭证见表68-1至表68-3。

表68-1

中国工商银行 转账支票存根 10204122 12345678	中国工商银行　转账支票　10204122　12345678
附加信息	出票日期（大写）贰零贰零年壹拾贰月叁拾玖日　付款行名称：工商银行和平支行
	收款人：郑州市小南国度假村　　出票人账号：68039484-89
	人民币（大写）玖仟捌佰伍拾捌元整　　￥9 858 00
出票日期2020年12月30日	
收款人：郑州市小南国度假村	用途　业务招待费　　　密码 1234567890123456
金额：￥9 858	上列款项请从　　　　　　　　行号 1020412212345678
用途：业务招待费	我账户支付
单位主管　　会计	出票人签章　　　　　　　　　复核　　　　记账

251

第三部分 日常业务处理

表68-2 ICBC 中国工商银行　进账单（回　单） 2

2020 年 12 月 30 日

出票人	全称	中原纺织机械有限公司	收款人	全称	郑州市小南国度假村
	账号	68039484-89		账号	687489345-24
	开户银行	工行和平支行		开户银行	工行农业支行

金额	人民币（大写）	玖仟捌佰伍拾捌元整	亿	千	百	十	万	千	百	十	元	角	分
							¥	9	8	5	8	0	0

票据种类	转支	票据张数	壹张
票据号码			

备注：

（中国工商银行郑州和平分行 2020.12.30 转讫）

复核：　　　　　记账：

此联是开户银行交给持（出）票人的回单

表68-3

河南增值税普通发票
发票联

No 01012345

4100168820

4100168820
01012345

开票日期：2020 年 12 月 30 日

购买方	名　　称：	中原纺织机械有限公司	密码区	0396852597 > <40//2/06 < 354 + 851 < 8 * 5034545 + 5778988882 + 243/ + − − > * * <3501 + 01 > 303031 +/61 + </ −2075 + >95 − 89 > *774 + > − +110 < *5801 > 30303697
	纳税人识别号：	91410568974050 6A		
	地　址、电话：	郑州市南阳路290号　63585788		
	开户行及账号：	工行和平支行 68039448-89		

货物或应税劳务、服务名称	规格型号	单位	数量	单价	金额	税率	税额
*餐饮服务*餐费			1	9 300	9 300	6%	558
合　计					¥9 300		¥558

价税合计（大写）	玖仟捌佰伍拾捌元整	（小写）¥ 9 858

销售方	名　　称：	郑州市小南国度假村	备注	校验码 15356 76021 44572
	纳税人识别号：	91410595631987412N		
	地　址、电话：	郑州市农业路7号　32145678		
	开户行及账号：	工行农业支行 68748936-24		

收款人：赵卫红　　复核：孙华　　开票人：赵卫红　　销售方：（章）

第二联：发票联　购买方记账凭证

业务69. 相关原始凭证见表69-1。

表 69-1   **材料盘盈盘亏核销报告表**

部门：   2020年12月30日

编号	品名规格	单位	账面数量	实存数量	盘盈 数量	盘盈 金额	盘亏 数量	盘亏 金额	原因
	生铁	吨	4	3.5			0.5	1 500	计量不准
处理意见		保管部门 计入费用		清查小组 计入管理费用			审批部门 同意清查小组意见		

负责人：程洪   保管：杨萍   清点人：张利

业务指导：根据上述原始凭证编制记账凭证，需增设"待处理财产损益"总账及明细分类账户。

业务70. 相关原始凭证见表70-1至表70-4。

表 70-1

中国工商银行 转账支票存根 10204122 12345678	中国工商银行　转账支票　10204122　12345678
附加信息 _____ _____	出票日期（大写）贰零贰零年壹拾贰月叁拾壹日　　付款行名称：工商银行和平支行 收款人：郑州市立信税务师事务所　　出票人账号：68039484-89 人民币（大写）叁仟捌佰壹拾陆元整　　￥3 816 00 用途：年审资料费　　密码 1234567890123456 上列款项请从我账户支付　　行号 1020412212345678 出票人签章　　复核　　记账
出票日期 2020年12月31日 收款人：郑州市立信税务师事务所 金　额：￥3 816 用　途：年审资料费 单位主管　　会计	

表70-2　ICBC 　中国工商银行　进账单（回　单）　2

2020 年 12 月 31 日

出票人	全称	中原纺织机械有限公司	收款人	全称	郑州市立信税务师事务所	此联是开户银行交给持（出）票人的回单
	账号	68039484-89		账号	68026893-56	
	开户银行	工行和平支行		开户银行	工行东风支行	

金额	人民币（大写）	叁仟捌佰壹拾陆元整	亿	千	百	十	万	千	百	十	元	角	分
						¥	3	8	1	6	0	0	

票据种类	转支	票据张数	壹张
票据号码			

备注：

中国工商银行郑州和平支行
2020.12.31
转讫

复核：　　　记账：

表70-3　　　　　　　河南增值税专用发票　　　　№ 01034512

抵扣联

4100196320

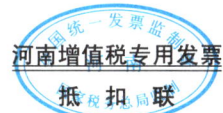

4100196320
01034512

开票日期：2020 年 12 月 31 日

购货方	名　　称	中原纺织机械有限公司	密码区	0396852597 > <40//2/06<354+8512075+>95-> 89>*774+>-+110<*58<8*5034545+ 5778988882+243/+--> **<3501+01>303031 +/61+</-
	纳税人识别号	91410599876545631P		
	地址、电话	郑州市南阳路290号　63585788		
	开户行及账号	工行和平支行 68039948-89		

货物或应税劳务名称	规格型号	单位	数量	单价	金额	税率	税额
*鉴证咨询服务 *年审资料服务费		次	1	3 600	3 600	6%	216
合　计					¥3 600		¥216

价税合计（大写）　叁仟捌佰壹拾陆元整　　　　　　　　　　（小写）¥ 3 816

销货方	名　　称	郑州市立信税务师事务所	备注	郑州市立信税务师事务所 91410599876545631P 发票专用章
	纳税人识别号	91410599876545631P		
	地址、电话	郑州市东风路20号　66622201		
	开户行及账号	工行东风支行 68026893-56		

收款人：陈亮　　复核：刘海　　开票人：陈亮　　　　销货单位：（章）

表70-4

河南增值税专用发票 No 01034512

发票联

4100196320
01034512
开票日期：2020 年 12 月 31 日

购货方	名　　称：中原纺织机械有限公司		密码区	0396852597＞＜40//2/06＜354＋8512075＋＞95－＞89＞＊774＋＞－＋110＜＊58＜8＊5034545＋5778988882＋243/＋－－＞＊＊＜3501＋01＞303031＋/61＋＜/－
	纳税人识别号：91410105689740506A			
	地址、电话：郑州市南阳路290号　63585788			
	开户行及账号：工行和平支行 68039448-89			

货物或应税劳务名称	规格型号	单位	数量	单价	金额	税率	税额
＊鉴证咨询服务 ＊年审资料服务费		次	1	3 600	3 600	6%	216
合　　计					￥3 600		￥216

价税合计（大写）　叁仟捌佰壹拾陆元整　　　　　　　　（小写）￥3 816

销货方	名　　称：郑州市立信税务师事务所	备注
	纳税人识别号：91410599876545631P	
	地址、电话：郑州市东风路20号　66622001	
	开户行及账号：工行东风分行 68026593-56	

收款人：陈亮　　　复核：刘海　　　开票人：陈亮　　　销货单位：（章）

业务指导： 年检费应通过"管理费用"账户核算。

业务71. 相关原始凭证见表71-1至表71-5。

表71-1　申报抵扣发票统计表——当期（报表更新时间：2020-12-31 17：02：28）

纳税人名称：中原纺织机械有限公司　　　　　　　　纳税人识别号：91410105689740506A

认证月份：2020年12月　　　　　　　　　　　　　　　　单位：（份、元）

发票类型	勾选认证			扫描认证			合　计		
认证方式	份数	金额	税额	份数	金额	税额	份数	金额	税额
增值税专用发票	22	2 196 301.22	249 879.86	0	0	0	22	2 196 301.22	249 879.86
货物运输业增值税专用发票	8	29 000	2 610	0	0	0	8	29 000	2 610
机动车销售统一发票	0	0	0	0	0	0	0	0	0
总　计	30	2 225 301.22	252 489.86	0	0	0	30	2 225 301.22	252 489.86

注：

1. 本统计表包括指定税款所属期内所有勾选认证和扫描认证的发票。
2. 新增勾选认证和扫描认证数据会触发报表更新。
3. 当天勾选认证数据会准实时在本统计表中体现，当天扫描认证数据会第二天在本统计表中体现，请您关注统计表上方的"报表更新时间"。
4. 若勾选认证栏显示的发票数量少于确认勾选模块中查询到的当期累计确认发票数量，可能是由于同一张发票既勾选认证、又扫描认证了，系统去重导致。

表71-2

认证结果通知书

中原纺织机械有限公司：

　　你单位于2020年12月远程认证的防伪系统开具的专用发票抵扣联共30份。经过认证，认证相符的发票共叁拾份整，金额¥2 225 301.22元，税额¥252 489.86元。

　　请将认证相符的专用发票抵扣联与本通知书一起装订成册，作为纳税检查的备查资料。

　　认证详细情况见本通知书所附清单。

　　　　　　　　　　　　　　　　　　　　　　　　打印时间：2020年12月31日

表71-3

发票清单

纳税人识别号：91410501689740506A 认证月份：202012 单位：元

序号	发票代码	发票号码	开票日期	销方税号	销方名称	金额	税额	认证方式	认证日	发票类型	发票状态
1	4100054170	00792147	2020-12-01	91410502793256845B	郑州市自来水公司	55948	1678.44		2020-12-31	增值税专票	正常
2	4100162320	35392437	2020-12-06	91410502793254378I	河南省亚太培训中心	1132.08	67.92		2020-12-31	增值税专票	正常
3	4102210220	00813586	2020-12-06	91410103217224556E	河南省展销中心	15094.34	905.66		2020-12-31	增值税专票	正常
4	4100970011	00892302	2020-12-06	91410138667994172F	河南省电视台	207547.17	12452.83		2020-12-31	增值税专票	正常
5	3100931000	00286809	2020-12-07	91410513712365810H	郑州市供电局	38034.19	4944.45		2020-12-31	增值税专票	正常
6	4100163323	04416663	2020-12-07	91410138667914972J	河南省外商投资有限公司	68000	8840		2020-12-31	增值税专票	正常
7	6930528714	13784690	2020-12-08	91412140101674521K	安阳钢铁有限公司	38200	4966		2020-12-31	增值税专票	正常
8	1100073140	60792471	2020-12-09	91110104453612588M	北京长城机械研究所	384000	49920		2020-12-31	增值税专票	正常
9	4103254665	13568280	2020-12-16	91410138667929411D	中原机械研究所	2641.51	158.49		2020-12-31	增值税专票	正常
10	4100176320	35392437	2020-12-11	91410767890041289P	河南省中原建筑工程公司	183486.24	16513.76		2020-12-31	增值税专票	正常
11	4100176320	05416663	2020-12-11	91410767890041289P	河南省中原建筑工程有限公司	124770.64	11229.36		2020-12-31	增值税专票	正常
12	4102557365	13688880	2020-12-11	91410502389760456W	河南省包装材料有限公司	4000	520		2020-12-31	增值税专票	正常
13	4105227356	12887780	2020-12-16	91410576543245459X	佳宁有限公司	4601.77	598.23		2020-12-31	增值税专票	正常
14	1102394281	2101245	2020-12-17	91105028976045456Y	北京长城铝业有限公司	550000	71500		2020-12-31	增值税专票	正常
15	5142893673	2376841	2020-12-17	91410238977776A	山西"煤矿"	6000	780		2020-12-31	增值税专票	正常
16	5141773686	2377859	2020-12-19	91410238977776A	山西"煤矿"	150000	19500		2020-12-31	增值税专票	正常
17	2341883957	14791470	2020-12-22	91410502793256845E	太原钢铁公司	102000	13260		2020-12-31	增值税专票	正常
18	0238941723	01633985	2020-12-23	91301586793847888G	上海钢铁有限公司	147500	19175		2020-12-31	运输业专票	正常
19	0232356429	03472258	2020-12-23	91310112634589611J	上海大发运输公司	86700	11271		2020-12-31	运输业专票	正常
20	4100164320	06885701	2020-12-26	91212324690087699M	上海杏花运输公司	22000	1320		2020-12-31	运输业专票	正常
21	4100196320	01034512	2020-12-31	91410599876545631P	中国太平洋保险公司	3600	216		2020-12-31	运输业专票	正常
22	5372060750	13784692	2020-12-08	91410219325534553L	郑州市立信税务师事务所	1400	126		2020-12-31	运输业专票	正常
23	1100141730	00085020	2020-12-09	91410219325534553N	安阳宏运输公司	1100	99		2020-12-31	运输业专票	正常
24	1101357300	00025860	2020-12-17	91110219325534558Z	北京宏远运输公司	8000	720		2020-12-31	运输业专票	正常
25	2213364489	24784691	2020-12-17	91140219325555334B	北京大发运输公司	200	18		2020-12-31	运输业专票	正常
26	2236413489	24769184	2020-12-18	91140231942866332C	山西同庆花运输公司	4500	405		2020-12-31	运输业专票	正常
27	2589407552	53678469	2020-12-22	91140102465176328F	大同同庆昌盛运输公司	6000	540		2020-12-31	运输业专票	正常
28	2019552140	67846975	2020-12-23	91310112276508943H	太原万达运输公司	7000	630		2020-12-31	运输业专票	正常
29	2013321577	61829443	2020-12-23	91310112279445916K	上海大发运输公司	800	72		2020-12-31	运输业专票	正常
30	4202557365	58468150	2020-12-06	91420500089760456W	武汉金谷酒店有限公司	1045.28	62.72		2020-12-31	增值税专票	正常

（当前页） 合计金额：2 225 301.22 元 税额：252 489.86 元

制表人：中原纺织机械有限公司 制表时间：2020-12-31

业务指导：

实际工作中，增值税进项税发票认证业务是在下月初登陆增值税发票综合服务平台进行。

表71-4　　　　　　　　　　　　未交增值税计算表
2020年12月31日

项　目	栏　次	金　额
本期销项税额	1	
本期进项税额转出	2	
本期进项税额	3	
本期已交税金	4	
	5	
	6	
转出未交增值税	7=1+2-3-4	

表71-5　　　　　　　　　　增值税纳税申报表（一般纳税人适用）

根据国家税收法律法规及增值税相关规定制定本表。纳税人不论有无销售额，均应按税务机关核定的纳税期限填写本表，并向当地税务机关申报。

税款所属期：自2020年12月01日至2020年12月31日　　　填表日期：2021年01月15日　　　电话号码：
纳税人识别号：　　　　　　　　　　　　所属行业：　　　　　　　法定代表人姓名：
纳税人名称：　　　　　　　　　　　　　注册地址：　　　　　　　生产经营地址：
开户银行：　　　　　　银行账号：　　　　登记注册类型：　　　　　金额单位：元至角分

	项　目	栏次	一般项目		即征即退项目	
			本月数	本年累计	本月数	本年累计
销售额	（一）按适用税率计税销售额	1				
	其中：应税货物销售额	2				
	应税劳务销售额	3				
	纳税检查调整的销售额	4				
	（二）按简易办法计税销售额	5				
	其中：纳税检查调整的销售额	6				
	（三）免、抵、退办法出口销售额	7				
	（四）免税销售额	8				
	其中：免税货物销售额	9				
	免税劳务销售额	10				
税款计算	销项税额	11				
	进项税额	12				
	上期留抵税额	13				
	进项税额转出	14				
	免、抵、退应退税额	15				
	按适用税率计算的纳税检查应补缴税额	16				
	应抵扣税额合计	17=12+13-14-15+16				

续表

<table>
<tr><th colspan="2" rowspan="2">项　目</th><th rowspan="2">栏次</th><th colspan="2">一般项目</th><th colspan="2">即征即退项目</th></tr>
<tr><th>本月数</th><th>本年累计</th><th>本月数</th><th>本年累计</th></tr>
<tr><td rowspan="8">税款计算</td><td>实际抵扣税额</td><td>18（如 17 < 11，则为 17，否则为 11）</td><td></td><td></td><td></td><td></td></tr>
<tr><td>应纳税额</td><td>19 = 11 - 18</td><td></td><td></td><td></td><td></td></tr>
<tr><td>期末留抵税额</td><td>20 = 17 - 18</td><td></td><td></td><td></td><td></td></tr>
<tr><td>简易计税办法计算的应纳税额</td><td>21</td><td></td><td></td><td></td><td></td></tr>
<tr><td>按简易计税办法计算的纳税检查应补缴税额</td><td>22</td><td></td><td></td><td></td><td></td></tr>
<tr><td>应纳税额减征额</td><td>23</td><td></td><td></td><td></td><td></td></tr>
<tr><td>应纳税额合计</td><td>24 = 19 + 21 - 23</td><td></td><td></td><td></td><td></td></tr>
<tr><td colspan="2"></td><td></td><td></td><td></td><td></td></tr>
<tr><td rowspan="14">税款缴纳</td><td>期初未缴税额（多缴为负数）</td><td>25</td><td></td><td></td><td></td><td></td></tr>
<tr><td>实收出口开具专用缴款书退税额</td><td>26</td><td></td><td></td><td></td><td></td></tr>
<tr><td>本期已缴税额</td><td>27 = 28 + 29 + 30 + 31</td><td></td><td></td><td></td><td></td></tr>
<tr><td>①分次预缴税额</td><td>28</td><td></td><td></td><td></td><td></td></tr>
<tr><td>②出口开具专用缴款书预缴税额</td><td>29</td><td></td><td></td><td></td><td></td></tr>
<tr><td>③本期缴纳上期应纳税额</td><td>30</td><td></td><td></td><td></td><td></td></tr>
<tr><td>④本期缴纳欠缴税额</td><td>31</td><td></td><td></td><td></td><td></td></tr>
<tr><td>期末未缴税额（多缴为负数）</td><td>32 = 24 + 25 + 26 - 27</td><td></td><td></td><td></td><td></td></tr>
<tr><td>其中：欠缴税额（≥0）</td><td>33 = 25 + 26 - 27</td><td></td><td></td><td></td><td></td></tr>
<tr><td>本期应补（退）税额</td><td>34 = 24 - 28 - 29</td><td></td><td></td><td></td><td></td></tr>
<tr><td>即征即退实际退税额</td><td>35</td><td></td><td></td><td></td><td></td></tr>
<tr><td>期初未缴查补税额</td><td>36</td><td></td><td></td><td></td><td></td></tr>
<tr><td>本期入库查补税额</td><td>37</td><td></td><td></td><td></td><td></td></tr>
<tr><td>期末未缴查补税额</td><td>38 = 16 + 22 + 36 - 37</td><td></td><td></td><td></td><td></td></tr>
<tr><td>授权声明</td><td colspan="3">　　如果你已委托代理人申报，请填写下列资料：
　　为代理一切税务事宜，现授权　　（地址）为本纳税人的代理申报人，任何与本申报表有关的往来文件，都可寄此人。
　　授权人签字：</td><td>申报人声明</td><td colspan="2">　　本纳税申报表是根据国家税收法律法规及相关规定填报的，我确定它是真实的、可靠的、完整的。
　　声明人签字：</td></tr>
</table>

主管税务机关：　　　　　　　　　　接收人：　　　　　　　　　　接收日期：

知识链接

增值税采取比例税率。一般纳税人税率为：13%、9%、6%和零税率（针对某些出口货物）；小规模纳税人实行简易办法征收，从2009年1月1日起，征收率统一降为3%，不再执行原来工业6%、商业4%的征收率，即工商企业统一按3%的征收率计征。

业务72. 相关原始凭证见表72-1。

表72-1　　　　　　　　　　　应交税费计算表

日期：　年　月　日　　　　　　　　　　　　　　　　　　　　　金额单位：元（列至角分）

项目名称	征收税目	征收品目	税款来源	税款所属期	申报日期	应税收入	计税依据	税率	本期应纳税额	减免税额	扣（抵）税额	已纳税额	本期应补（退）
	增值税												
	城市维护建设税	市区（增值税附征）											
	地方教育附加	增值税地方教育附加											
	教育费附加	增值税教育费附加											
	印花税	应税凭证											
	个人所得税	综合所得											
	季度预缴企业所得税												
合　　计													

知识链接

城市维护建设税、教育费附加、地方教育费附加的"计税依据"是当期应交的增值税和消费税税额之和。印花税以应税凭证计算，工会经费按当期工资额的2%计提，上缴上级工会40%。

业务指导：由于该公司只涉及增值税，所以按照当期应交的增值税税额为依据计算。

第四部分　期末业务处理

业务指导： 本实训月末处理的主要经济业务有：分配水、电费。采用年限平均法按分类折旧率计提固定资产折旧。采用应收账款余额百分比法计提坏账准备。采用直接分配法分配辅助生产费用。按生产工时比例分配各分厂归集的制造费用及共同发生的生产工人工资；按各分厂、部门等应付工资总额的2%比例计提工会经费，其中上缴上级工会40%，8%的比例计提职工教育经费，按前述比例计提单位负担的企业基本养老保险费、失业保险费、工伤保险费、生育保险费医疗保险费。采用平行结转分步法计算完工产品成本并予以结转。结转各收入、收益，结转期间费用、已销产品成本、支出等。计算并结转企业所得税。按净利润的10%提取盈余公积金、5%的比例计提公益金。以提取盈余公积金、公益金后所剩利润的70%按投资者出资比例分配利润。将利润分配明细分类账户数额转入"利润分配—未分配利润"账户。

业务73. 相关原始凭证见表73-1。（分配率保留2位小数，最后项目用倒挤方法）

表73-1　　　　　　　　　　　　水 费 分 配 表

2020年12月31日

部　　门	用水数量（吨）	分配率	分配金额
铸造分厂	1 050		
机一分厂	896		
机二分厂	924		
装配分厂	980		
动能分厂	5 131		
机修分厂	562		
公司管理部门	1 958		
在建工程	367		
合　　计	11 868		46 759.92

主管：钱欣　　　　　　　　　　审核：李奇　　　　　　　　　　制表：王霏

业务 74. 相关原始凭证见表 74-1。（分配率保留 2 位小数，最后项目用倒挤方法）

表 74-1

电 费 分 配 表

2020 年 12 月 31 日

部　　门	用电度数	分配率	分配金额
铸造分厂	10 360		
机一分厂	14 280		
机二分厂	14 210		
装配分厂	11 270		
动能分厂	6 860		
机修分厂	5 180		
公司管理部门	6 580		
在建工程	285		
合　　计	69 025		61 432.25

主管：钱欣　　　　　　　审核：李奇　　　　　　　制表：王霏

业务 75. 相关原始凭证见表 75-1。

表 75-1　　　　　　　　　　　固定资产折旧计算表

固定资产使用部门	固定资产类别	分类折旧率%	月初应计折旧的固定资产原值	上月增加固定资产应提折旧额	本月增加固定资产应提折旧额	月折旧额
铸造分厂	房屋	0.2	150 000			300
	机器设备	0.8	234 000			1 872
机一分厂	房屋	0.2	240 000			480
	机器设备	0.8	777 000			6 216
机二分厂	房屋	0.2	300 000			600
	机器设备	0.8	579 000			4 632
装配分厂	房屋	0.2	150 000			300
	机器设备	0.8	399 000			3 192
动能分厂	房屋	0.2	108 000			216
	机器设备	0.8	453 000			3 624
机修分厂	房屋	0.2	100 000			200
	机器设备	1.6	69 000			1 104
公司管理部门	房屋	0.2	400 000			800
	房屋出租	0.2	100 000			200
	办公设备	1.6	429 000			6 864
	交通工具	0.8	196 000			1 568
合　　计			4 784 000			32 368

主管：钱欣　　　　　　　审核：李奇　　　　　　　制表：乔梅

知识链接

在计提折旧时,一般按月提取折旧,在月末按月初应计折旧固定资产金额乘折旧率计提。即当月增加的固定资产,当月不提折旧,从下月起计提折旧;当月减少的固定资产,当月照提折旧,从下月起停止计提折旧。

业务76. 相关原始凭证见表76-1至表76-7。(分配率保留4位小数,最后项目用倒挤方法)

表 76-1　　　　　　　　　应付职工薪酬工资费用汇总表

2020年12月份　　　　　　　　　　　　　　　　　　　单位:元

部门		基本工资	岗位津贴	奖金补贴节约奖	生活补贴	夜班津贴	缺勤扣款		应付工资
							病假	事假	
铸造分厂	生产工人	56 400	3 960	3 540	4 500	2 250			70 650
	管理人员	21 600	1 800	1 800	3 600				28 800
机一分厂	生产工人	52 200	2 700	1 800	5 400	2 160	360		63 900
	管理人员	27 000	2 160	1 800	3 960			90	34 830
机二分厂	生产工人	32 400	1 800	1 800	3 600	1 440			41 040
	管理人员	16 740	1 440	1 440	2 880				22 500
装配分厂	生产工人	15 300	1 080	1 080	2 160	540			20 160
	管理人员	8 280	720	720	1 440				11 160
动能分厂	生产工人	12 960	1 260	1 260	2 520	540			18 540
	管理人员	9 900	900	900	1 800				13 500
机修分厂	生产工人	15 120	1 440	1 440	1 620	90			19 710
	管理人员	11 340	1 080	1 080	1 800				15 300
公司管理人员		86 400	5 400	5 400	10 800				108 000
医务和福利人员		43 200	2 700	2 700	5 400				54 000
在建工程		63 000	3 600	3 600	7 200				77 400
合计		471 840	32 040	30 360	58 680	7 020	360	90	599 490

表 76-2　　　　　　　　　生产工时统计表　　　　　　　　　单位:小时

产品部门	铁坯件	铝坯件	成卷机	混棉机	合计
铸造分厂	7 000	2 025			9 025
机一分厂			4 430	2 670	7 100
机二分厂			4 500	3 100	7 600
装配分厂			2 500	1 980	4 480
合计	7 000	2 025	11 430	7 250	28 205

业务指导:辅助生产车间(动能分厂、机修分厂)负担的相关费用,可以不分生产工人和管理人员,全部计入"生产成本—辅助生产成本"账户。

表76-3　　　　　　　　　　　　　　生产工人工资分配表
　　　　　　　　　　　　　　　　　　年　月　日　　　　　　　　　　　　　　　　　　　单位：元

部门产品名称		分配标准	分配率	分配金额
铸造分厂	铁坯件			
	铝坯件			
	小　计			
机一分厂	成卷机			
	混棉机			
	小　计			
机二分厂	成卷机			
	混棉机			
	小　计			
装配分厂	成卷机			
	混棉机			
	小　计			

主管：　　　　　　　　　　　　　　审核：　　　　　　　　　　　　　　　　　制表：

表76-4　　　　　　　　　　　工会经费、职工教育经费计算表
　　　　　　　　　　　　　　　　　2020年12月31日　　　　　　　　　　　　　　　　　单位：元

部　门			应付工资总额	应提工会经费（2%）	应提职工教育经费（8%）	合　计
生产工人	基本生产车间	铸造分厂	70 650	1 413	5 652	7 065
		机一分厂	63 900	1 278	5 112	6 390
		机二分厂	41 040	820.80	3 283.20	4 104
		装配分厂	20 160	403.20	1 612.80	2 016
	辅助车间	动能分厂	18 540	370.80	1 483.20	1 854
		机修分厂	19 710	394.20	1 576.80	1 971
	小　计		234 000	4 680	18 720	23 400
车间管理人员	基本生产车间	铸造分厂	28 800	576	2 304	2 880
		机一分厂	34 830	696.60	2 786.40	3 483
		机二分厂	22 500	450	1 800	2 250
		装配分厂	11 160	223.20	892.80	1 116
	辅助车间	动能分厂	13 500	270	1 080	1 350
		机修分厂	15 300	306	1 224	1 530
	小　计		126 090	2 521.80	10 087.20	12 609
公司管理人员			108 000	2 160	8 640	10 800
医务和福利人员			54 000	1 080	4 320	5 400
在建工程人员			77 400	1 548	6 192	7 740
合　计			599 490	11 989.80	47 959.20	59 949

复核：（签章）　　　　　　　　　　　　　　　　　　　　　　　　　　制表：（签章）

表76-5　　　　　　　　　　　工会经费、职工教育经费分配表

年　月　日　　　　　　　　　　　　　　　　　　　　　　　　单位：元

部门产品名称		分配标准	分配率	分配金额
铸造分厂	铁坯件			
	铝坯件			
	小　计			
机一分厂	成卷机			
	混棉机			
	小　计			
机二分厂	成卷机			
	混棉机			
	小　计			
装配分厂	成卷机			
	混棉机			
	小　计			

主管：　　　　　　　　　　　　　审核：　　　　　　　　　　　　　制表：

表76-6　　　　　　　　　　　单位本月负担社会保险费计算表

2020年12月31日　　　　　　　　　　　　　　　　　　　　　　　单位：元

部　门			应付工资总额	养老保险金16%	医疗保险金6%	生育保险金1%	工伤保险金0.4%	失业保险金0.7%	合　计
生产工人	基本生产车间	铸造分厂	70 650	11 304	4 239	706.50	282.60	494.55	17 026.65
		机一分厂	63 900	10 224	3 834	639	255.60	447.30	15 399.90
		机二分厂	41 040	6 566.40	2 462.40	410.40	164.16	287.28	9 890.64
		装配分厂	20 160	3 225.60	1 209.60	201.60	80.64	141.12	4 858.56
	辅助车间	动能分厂	18 540	2 966.40	1 112.40	185.40	74.16	129.78	4 468.14
		机修分厂	19 710	3 153.60	1 182.60	197.10	78.84	137.97	4 750.11
	小　计		234 000	37 440	14 040	2 340	936	1 638	56 394
车间管理人员	基本生产车间	铸造分厂	28 800	4 608	1 728	288	115.20	201.60	6 940.80
		机一分厂	34 830	5 572.80	2 089.80	348.30	139.32	243.81	8 394.03
		机二分厂	22 500	3 600	1 350	225	90	157.50	5 422.50
		装配分厂	11 160	1 785.60	669.60	111.60	44.64	78.12	2 689.56
	辅助车间	动能分厂	13 500	2 160	810	135	54	94.50	3 253.50
		机修分厂	15 300	2 448	918	153	61.20	107.10	3 687.30
	小　计		126 090	20 174.40	7 565.40	1 260.90	504.36	882.63	30 387.69
公司管理人员			108 000	17 280	6 480	1 080	432	756	26 028
医务和福利人员			54 000	8 640	3 240	540	216	378	13 014
在建工程人员			77 400	12 384	4 644	774	309.60	541.80	18 653.40
合　计			599 490	95 918.40	35 969.40	5 994.90	2 397.96	4 196.43	144 477.09

复核：（签章）　　　　　　　　　　　　　　　　　　　　　　　制表：（签章）

表76-7　　　　　　　　　　　　单位负担社会保险费分配表

年　月　日　　　　　　　　　　　　　　　　　　　　单位：元

部门产品名称		分配标准	分配率	分配金额
铸造分厂	铁坯件			
	铝坯件			
	小　计			
机一分厂	成卷机			
	混棉机			
	小　计			
机二分厂	成卷机			
	混棉机			
	小　计			
装配分厂	成卷机			
	混棉机			
	小　计			

主管：　　　　　　　　　　　　　审核：　　　　　　　　　　　　　　　　制表：

业务77. 相关原始凭证见表77-1至表77-3。(分配率保留2位小数，最后项目用倒挤方法)

表77-1　　　　　　　　　　辅助生产车间提供产品或劳务统计表

部　　门		提供蒸汽（m³）	修理工时（小时）
动能分厂一般耗用			100
机修分厂一般耗用		70	
铸造分厂	产品耗用	750	
	一般耗用	200	950
机一分厂	产品耗用	760	
	一般耗用	190	850
机二分厂	产品耗用	730	
	一般耗用	210	900
装配分厂	产品耗用	760	
	一般耗用	180	800
公司管理部门		150	1 300
小　计		4 000	4 900

表77-2　　　　　　　　　　　辅助生产费用分配表
年　月　日

辅助生产部门名称			动能分厂	机修分厂	合　计
待分配费用					
供应劳务数量			4 000m³	4 900工时	
单位成本					
辅助生产	动能分厂	耗用数量			
		分配金额			
	机修分厂	耗用数量			
		分配金额			
铸造分厂	产品耗用	耗用数量			
		分配金额			
	一般耗用	耗用数量			
		分配金额			
机一分厂	产品耗用	耗用数量			
		分配金额			
	一般耗用	耗用数量			
		分配金额			
机二分厂	产品耗用	耗用数量			
		分配金额			
	一般耗用	耗用数量			
		分配金额			
装配分厂	产品耗用	耗用数量			
		分配金额			
	一般耗用	耗用数量			
		分配金额			
公司管理部门		耗用数量			
		分配金额			
辅助生产实际成本					

主管：　　　　　　　　　　　审核：　　　　　　　　　　　制表：

表77-3　　　　　　　　　　产 品 耗 用 蒸 汽 分 配 表
年　月　日

部　　门	产品名称	分配标准	分配率	分配金额
铸造分厂	铁坯件			
	铝坯件			
	合　计			
机一分厂	成卷机			
	混棉机			
	合　计			
机二分厂	成卷机			
	混棉机			
	合　计			
装配分厂	成卷机			
	混棉机			
	合　计			

主管：　　　　　　　　　　　审核：　　　　　　　　　　　制表：

业务指导：辅助生产费用分配按受益部门耗用量采用直线法进行分配。

业务 78. 相关原始凭证见表 78－1。（分配率保留 2 位小数，最后项目用倒挤方法）

表 78－1　　　　　　　　　　　　制造费用分配表

年　　月　　日

产品名称		分配标准	分配率	分配金额
铸造分厂	铁坯件			
	铝坯件			
	合　计			
机一分厂	成卷机			
	混棉机			
	合　计			
机二分厂	成卷机			
	混棉机			
	合　计			
装配分厂	成卷机			
	混棉机			
	合　计			

主管：　　　　　　　　　　　　审核：　　　　　　　　　　　　制表：

业务指导：分配制造费用所需工时资料取自 76 笔业务生产工时统计表。

业务 79. 相关原始凭证见表 79－1。

表 79－1　　　　　　　　　　　铸 坯 件 成 本 汇 总 表

年　　月　　日

铸坯件名称	计量单位	完工数量	直接材料	直接人工	制造费用	总成本	单位成本
铁坯件	吨						
铝坯件	吨						

审核：　　　　　　　　　　　　　　　　　　　　　　　　　　　　制表：

业务指导：铁坯件、铝坯件完工数量取自"自制半成品—铁坯件"、"自制半成品—铝坯件"明细账。直接材料、直接人工、制造费用等成本项目资料取自"生产成本—基本生产成本—铸造分厂（铁坯件）"和"生产成本—基本生产成本—铸造分厂（铝坯件）"明细分类账户。

业务 80. 相关原始凭证见表 80－1 至表 80－14。（分配率保留 2 位小数，最后项目用倒挤方法）

表 80-1　　　　　　　　　　在产品数量及完工程度统计表

部门：机一分厂

产品名称	计量单位	月初在产品	本月投入	本月完工	月末在产品	投料程度	完工程度
成卷机	台	9	5	8	6	100%	50%
混棉机	台	13	5	8	10	100%	50%

表 80-2　　　　　　　　　　在产品数量及完工程度统计表

部门：机二分厂

产品名称	计量单位	月初在产品	本月投入	本月完工	月末在产品	投料程度	完工程度
成卷机	台	10	4	6	8	100%	50%
混棉机	台	13	5	10	8	100%	50%

表 80-3　　　　　　　　　　在产品数量及完工程度统计表

部门：装配分厂

产品名称	计量单位	月初在产品	本月投入	本月完工	月末在产品	投料程度	备　注
成卷机	台	3	4	4	3	100%	在产品只计算材料费
混棉机	台	2	4	4	2	100%	在产品只计算材料费

表 80-4　　　　　　　　　　在产品数量及完工程度统计表

部门：铸造分厂

产品名称	计量单位	本月投入	本月完工	月末在产品	投料程度	备　注
铁坯件	吨	31	31		100%	
铝坯件	吨	9	9		100%	

表 80-5　　　　　　　　　　产 品 成 本 计 算 单（一）

部门：机一分厂　　　　　　　年　月　日　　　　　　产品名称：成卷机　产量：

项　　目	直接材料	直接人工	制造费用	合　计
月初在产品成本				
本月发生额				
合　计				
约当产量				
单位成本（分配率）				
最终完工产品产量				
应结转完工产品份额				
月末在产品成本				

主管：　　　　　　　　　　　审核：　　　　　　　　　　　制表：

业务指导： 根据"生产成本——基本生产成本——机一分厂（成卷机）"明细分类账户中数据填列期初在产品成本及本期发生额中的成本项目。按平行结转法下广义在产品计算出单位成本（分配率），然后按最终完工产品产量计算应结转完工产品份额，最后倒挤出月末在产品成本。

表80-6　　　　　　　　　　　产品成本计算单（二）
部门：机一分厂　　　　　　　　　年　月　日　　　　　　产品名称：混棉机　产量：

项　目	直接材料	直接人工	制造费用	合　计
月初在产品成本				
本月发生额				
合　计				
约当产量				
单位成本（分配率）				
最终完工产品产量				
应结转完工产品份额				
月末在产品成本				

主管：　　　　　　　　　　　　审核：　　　　　　　　　　　　制表：

业务指导： 根据"生产成本—基本生产成本—机一分厂（混棉机）"明细分类账户中数据填列期初在产品成本及本期发生额中的成本项目。按平行结转法下广义在产品计算出单位成本（分配率），然后按最终完工产品产量计算应结转完工产品份额，最后倒挤出月末在产品成本。（下同）

表80-7　　　　　　　　　　　产品成本计算单（三）
部门：机二分厂　　　　　　　　　年　月　日　　　　　　产品名称：成卷机　产量：

项　目	直接材料	直接人工	制造费用	合　计
月初在产品成本				
本月发生额				
合　计				
约当产量				
单位成本（分配率）				
最终完工产品产量				
应结转完工产品份额				
月末在产品成本				

主管：　　　　　　　　　　　　审核：　　　　　　　　　　　　制表：

表80-8　　　　　　　　　产 品 成 本 计 算 单（四）

部门：机二分厂　　　　　　　　　年　月　日　　　　　　产品名称：混棉机　产量：

项　目	直接材料	直接人工	制造费用	合　计
月初在产品成本				
本月发生额				
合　计				
约当产量				
单位成本（分配率）				
最终完工产品产量				
应结转完工产品份额				
月末在产品成本				

主管：　　　　　　　　　　　　　　审核：　　　　　　　　　　　　　　制表：

表80-9　　　　　　　　　产 品 成 本 计 算 单（五）

部门：装配分厂　　　　　　　　　年　月　日　　　　　　产品名称：成卷机　产量：

项　目	直接材料	直接人工	制造费用	合　计
月初在产品成本				
本月发生额				
合　计				
约当产量				
单位成本（分配率）				
最终完工产品产量				
应结转完工产品份额				
月末在产品成本				

主管：　　　　　　　　　　　　　　审核：　　　　　　　　　　　　　　制表：

表80-10　　　　　　　　　产 品 成 本 计 算 单（六）

部门：装配分厂　　　　　　　　　年　月　日　　　　　　产品名称：混棉机　产量：

项　目	直接材料	直接人工	制造费用	合　计
月初在产品成本				
本月发生额				
合　计				
约当产量				
单位成本（分配率）				
最终完工产品产量				
应结转完工产品份额				
月末在产品成本				

主管：　　　　　　　　　　　　　　审核：　　　　　　　　　　　　　　制表：

表 80-11　　　　　　　　　　完工产品成本汇总表（一）

产品名称：成卷机　　　　　　　　　　年　月　日　　　　　　　　　　　　产量：

项目	直接材料	直接人工	制造费用	合计
机一分厂转入				
机二分厂转入				
装配分厂转入				
总成本				
单位成本				

主管：　　　　　　　　　　　　　　审核：　　　　　　　　　　　　　　制表：

业务指导：将各分厂应转入成卷机的份额即成本计算单（一）、（三）、（五）表中的成本项目进行汇总，计算出成卷机的总成本，然后再除以最终完工产品产量计算出成卷机的单位成本。

表 80-12　　　　　　　　　　完工产品成本汇总表（二）

产品名称：混棉机　　　　　　　　　　年　月　日　　　　　　　　　　　　产量：

项目	直接材料	直接人工	制造费用	合计
机一分厂转入				
机二分厂转入				
装配分厂转入				
总成本				
单位成本				

主管：　　　　　　　　　　　　　　审核：　　　　　　　　　　　　　　制表：

业务指导：将各分厂应转入混棉机的份额即成本计算单（二）、（四）、（六）表中的成本项目进行汇总，计算出混棉机的总成本，然后再除以最终完工产品产量计算出混棉机的单位成本。

表 80-13　　　　　　　　　　产品成本汇总表

　　　　　　　　　　　　　　　　　　年　月　日　　　　　　　　　　　　产量：

产品名称	直接材料	直接人工	制造费用	合计
成卷机				
混棉机				
总成本				
单位成本				

主管：　　　　　　　　　　　　　　审核：　　　　　　　　　　　　　　制表：

表 80-14　　　　　　　　　　　产 成 品 入 库 单

单位：仓库　　　　　　　　　　　　　年　月　日

名　称	计量单位	数　量	实际单位成本	金　额
成卷机				
混棉机				
合　计				

二、记账凭证

业务指导：将完工产品成本汇总表（一）、（二）中总成本各成本项目过入产品成本汇总表中，计算出全部产品的总成本，然后除以最终完工产品产量计算出各种产品的单位成本。

业务81. 相关原始凭证见表81-1。（按先进先出法计算）

表 81-1　　　　　　　　　　　产品销售成本计算表

　　　　　　　　　　　　　　　　　年　月　日

产品名称	销售数量（台）	单位成本（元）	总成本（元）
合　计			

主管：　　　　　　　　　　审核：　　　　　　　　　　制表：

业务指导：根据库存商品成卷机、混棉机等明细账资料，按先进先出法计算已销产品成本。

业务82. 相关原始凭证见表82-1。

表 82-1　　　　　　　　　　　坏账准备计算表

　　　　　　　　　　　　　　　　　年　月　日

项　目	金　额	备　注
期初应收款项余额		
期末应收款项余额		
期初坏账准备余额（贷方）		
本期发生坏账		
本期收回坏账		
计提比例		
期末坏账准备余额		
本期应提坏账准备		

制表：　　　　　　　　　　　　　　　　　　　　审核：

业务指导： 采用应收款项余额百分比法计提坏账准备，本实训坏账准备提比例为 3%。

业务 83. 月末结转各种收入、收益。相关原始凭证见表 83-1。

表 83-1　　　　　　　　　　　损益类账户发生额表
　　　　　　　　　　　　　　　　年　　月　　日　　　　　　　　　　　　　　　单位：元

账户名称	借方发生额合计	贷方发生额合计
合　　计		

主管：　　　　　　　　　　　审核：　　　　　　　　　　　制表：

业务指导： 所需资料数据取自"主营业务收入"、"其他业务收入"、"营业外收入"、"资产处置损益"等明细分类账。

业务 84. 结转成本、支出及期间费用。相关原始凭证见表 84-1。

表 84-1　　　　　　　　　　　损益类账户发生额表
　　　　　　　　　　　　　　　　年　　月　　日

账户名称	借方发生额合计	贷方发生额合计
合　　计		

主管：　　　　　　　　　　　审核：　　　　　　　　　　　制表：

第四部分 期末业务处理

> **业务指导：** 所需数据资料取自"主营业务成本"、"其他业务成本"、"税金及附加"、"营业外支出"、"管理费用"、"销售费用"、"财务费用"等明细分类账。

业务85. 相关原始凭证见表85-1至表85-3。（附：所得税月（季）度纳税申报表）

表85-1

中华人民共和国

企业所得税月（季）度预缴纳税申报表（A类）

税款所属期间：2020年12月1日 至 2020年12月31日

纳税人识别号（统一社会信用代码）：

纳税人名称： 　　　　　　　　　　　　　　　　　　　　　　　金额单位：人民币元（列至角分）

预缴方式	□按照实际利润额预缴	□按照上一纳税年度应纳税所得额平均额预缴	□按照税务机关确定的其他方法预缴
企业类型	□一般企业	□跨地区经营汇总纳税企业总机构	□跨地区经营汇总纳税企业分支机构

预缴税款计算

行次	项　目	本年累计金额
1	营业收入	
2	营业成本	
3	利润总额	
4	加：特定业务计算的应纳税所得额	
5	减：不征税收入	
6	减：免税收入、减计收入、所得减免等优惠金额（填写A201010）	
7	减：固定资产加速折旧（扣除）调减额（填写A201020）	
8	减：弥补以前年度亏损	
9	实际利润额（3+4-5-6-7-8）\ 按照上一纳税年度应纳税所得额平均额确定的应纳税所得额	
10	税率（25%）	
11	应纳所得税额（9×10）	
12	减：减免所得税额（填写A201030）	
13	减：实际已缴纳所得税额	
14	减：特定业务预缴（征）所得税额	
15	本期应补（退）所得税额（11-12-13-14）\ 税务机关确定的本期应纳所得税额	

汇总纳税企业总分机构税款计算

16	总机构填报	总机构本期分摊应补（退）所得税额（17+18+19）	
17		其中：总机构分摊应补（退）所得税额（15×总机构分摊比例____%）	
18		财政集中分配应补（退）所得税额（15×财政集中分配比例____%）	
19		总机构具有主体生产经营职能的部门分摊所得税额（15×全部分支机构分摊比例____%×总机构具有主体生产经营职能部门分摊比例____%）	

续表

20	分支机	分支机构本期分摊比例			
21	构填报	分支机构本期分摊应补（退）所得税额			
附报信息					
小型微利企业		□是 □否	科技型中小企业	□是 □否	
高新技术企业		□是 □否	技术入股递延纳税事项	□是 □否	

谨声明：此纳税申报表是根据《中华人民共和国企业所得税法》《中华人民共和国企业所得税法实施条例》以及有关税收政策和国家统一会计制度的规定填报的，是真实的、可靠的、完整的。

法定代表人（签字）：　　　　　　年　月　日

纳税人公章： 会计主管： 填表日期：　　　年　月　日	代理申报中介机构公章： 经办人： 经办人执业证件号码： 代理申报日期：　　年　月　日	主管税务机关受理专用章： 受理人： 受理日期：　　年　月　日

业务指导：所需数据资料取自"本年利润"明细分类账。

（1）结转所得税费用。相关原始凭证见表85-2

表85-2　　　　　　　　　　内 部 转 账 单
　　　　　　　　　　　　　　　年　月　日

应借科目	应贷账户	金　　额	备　注

制表：　　　　　　　　　　　　　　　　　　　　　　　　审核：

（2）结转本年净利润。相关原始凭证见表85-3

表85-3　　　　　　　　　　内 部 转 账 单
　　　　　　　　　　　　　　　年　月　日

应借科目	应贷账户	金　　额	备　注

制表：　　　　　　　　　　　　　　　　　　　　　　　　审核：

业务86. 提取法定公积金、公益金及计算应付利润。相关原始凭证见表86-1、表86-2。

表86-1　　　　　　　　　　法定盈余公积、公益金计提表
年　月　日

项　目	全年净利润	计提比例	金　额
法定盈余公积			
法定公益金			
合　计			

制表：　　　　　　　　　　　　　　　　　　　　　　　审核：

业务指导：所需数据资料取自"利润分配"明细分类账。

表86-2　　　　　　　　　　应付利润计算表
年　月　日

项　目	金额（元）	备　注
年初未分配利润		
+本年净利润		
-本年计提的盈余公积		
（法定盈余公积、公益金）		
年末可供分配利润		
向投资者分配利润		
其中：国家投资		
中南绵纺机械有限公司		
年末未分配利润		

业务87. 结转利润分配。相关原始凭证见表87-1。

表87-1　　　　　　　　　　内　部　转　账　单
年　月　日

应借账户	应贷账户	金　额	备　注

制表：　　　　　　　　　　　　　　　　　　　　　　　审核：

工作程序：

负责会计报表岗位会计刘鑫根据16-31日审核无误的记账凭证编制科目汇总表，并根据科目汇总表登记总分类账。

编制试算平衡表并进行试算平衡。

第五部分　会计报表编制

一、做好会计报表编制前的准备工作

1. 对账。为了保证账簿记录的正确性、真实性，记账以后还必须对账。这是因为在填制记账凭证、记账和过账的过程中，在计算数量和金额、财产物资的盘点过程中，一些记录、计算上的差错和账实不符的情况难免发生，所以在会计期末结账之前，有必要将账簿中的记录进行核对，以做到账证、账账、账实相符，从而使期末编制会计报表的数据更真实、准确和完整。对账的主要内容包括账证核对、账账核对、账实核对。

2. 结账。结账是企业在每个会计期间终了时总结该期间经济活动、考核财务成果、编制会计报表所必须进行的基础会计工作。结账工作主要包括以下两个步骤：第一，结账前，通常先要检查本期内发生的各项经济业务和应由本期受益的收入、负担的费用是否已全部登记入账，若发现漏账、错账，应及时补记、更正，不能为赶编会计报表而提前结账，把本期发生的经济业务延至下期。第二，结账时，按照正确的结账方法对各种账簿进行期末结账，结出每个账户的本期发生额和期末余额。

> **业务指导：** 年终结账时，要将所有总账账户结出全年发生额和年末余额，在摘要栏内注明"本年合计"字样，并在合计数下通栏画双红线"封账"；有余额的账户，要将其余额结转下年，并在摘要栏注明"结转下年"字样，将余额直接计入新账余额栏内，不需要编制记账凭证。

3. 编制试算平衡表。编制试算平衡表，是为了在编制报表以前及时发现错误并予以更正。同时，它汇集了各账户的资料，依据试算平衡表编制会计报表比直接依据分类账编制会计报表更为方便，对于拥有大量分类账的企业尤其如此。

借贷记账法的试算平衡有账户发生额试算平衡法和账户余额试算平衡法两种。其平衡公式如下：

全部账户本期借方发生额合计 = 全部账户本期贷方发生额合计

全部账户的借方余额合计 = 全部账户的贷方余额合计

业务指导： 试算平衡了，只能说明分类账的登记基本正确，不能说绝对正确。因为有些错误的发生不会导致上述两个平衡公式失衡。例如，漏过记账凭证，重过记账凭证，错过记账凭证所确定的应借、应贷账户，过账错误但数额恰好互相抵消，等等。这些错误并不影响试算平衡，试算平衡表难以发现。尽管会计记录上的大多数错误往往会使借贷失衡，但是试算平衡表在验证会计处理正确性方面仍有其重要的功效，不失为简便、有效的验证工具。

试 算 平 衡 表

编制单位：中原纺织机械有限公司　　　　　　　　　　　　2020 年 12 月 31 日

科目编码	科目名称	期初借方	期初贷方	本期发生借方	本期发生贷方	期末借方	期末贷方
1001	库存现金						
1002	银行存款						
1101	交易性金融资产						
1121	应收票据						
1122	应收账款						
1123	预付账款						
1221	其他应收款						
1231	坏账准备						
1402	在途物资						
1403	原材料						
1404	自制半成品						
1405	库存商品						
1411	周转材料						
1501	债权投资						
1601	固定资产						
1602	累计折旧						
1604	在建工程						
1606	固定资产清理						
1701	无形资产						
1702	累计摊销						
1901	待处理财产损益						
资产小计							
2001	短期借款						
2201	应付票据						
2202	应付账款						
2205	预收账款						

续表

科目编码	科目名称	期初借方	期初贷方	本期发生借方	本期发生贷方	期末借方	期末贷方
2211	应付职工薪酬						
2221	应交税费						
2232	应付股利						
2501	长期借款						
负债小计							
4001	实收资本						
4002	资本公积						
4101	盈余公积						
4103	本年利润						
4104	利润分配						
权益小计							
5001	生产成本						
5101	制造费用						
成本小计							
6001	主营业务收入						
6051	其他业务收入						
6301	营业外收入						
6401	主营业务成本						
6402	其他业务成本						
6403	税金及附加						
6601	销售费用						
6602	管理费用						
6603	财务费用						
6604	信用减值损失						
6605	资产处置损益						
6711	营业外支出						
6801	所得税费用						
损益小计							
合计							

复核：　　　　　　　制表：

二、根据有关资料正确编制会计报表

根据审核无误的总账及明细账（或试算平衡表）正确编制资产负债表、利润表及利润分配表、现金流量表。

资产负债表是反映企业报告期末财务状况的报表。其编表的资料来源应为资产、负债、所有者权益、成本类账户的总账和相关明细账的期末余额。编制时，可直接查找实训所记账簿期末结账后的余额或试算平衡表中的期末余额。

资 产 负 债 表

编制单位：　　　　　　　　　　　　　年　月　日　　　　　　　　　　　　　单位：元

资　　产	期末余额	年初余额	负债及所有者权益（或股东权益）	期末余额	年初余额
流动资产：			流动负债：		
货币资金			短期借款		
交易性金融资产			交易性金融负债		
衍生金融资产			衍生金融负债		
应收票据			应付票据		
应收账款			应付账款		
应收款项融资			预收款项		
预付款项			合同负债		
其他应收款			应付职工薪酬		
存货			应交税费		
合同资产			其他应付款		
持有待售资产			持有待售负债		
一年内到期的非流动资产			一年内到期的非流动负债		
其他流动资产			其他流动负债		
流动资产合计			流动负债合计		
非流动资产：			非流动负债：		
债权投资			长期借款		
其他债权投资			应付债券		
长期应收款			期中：优先股		
长期股权投资			永续债		
其他权益工具投资			租赁负债		
其他非流动金融资产			长期应付款		
投资性房地产			预计负债		
固定资产			递延收益		
在建工程			递延所得税负债		
生产性生物资产			其他非流动负债		
油气资产			非流动负债合计		
使用权资产			负债合计		
无形资产			所有者权益（或股东权益）：		
开发支出			实收资本（或股本）		

续表

资产	期末余额	年初余额	负债及所有者权益（或股东权益）	期末余额	年初余额
商誉			其他权益工具		
长期待摊费用			其中：优先股		
递延所得税资产			永续债		
其他非流动资产			资本公积		
非流动资产合计			减：库存股		
			其他综合收益		
			专项储备		
			盈余公积		
			未分配利润		
			所有者权益（或股东权益）合计		
资产总计			负债和所有者权益(或股东权益)总计		

复核：　　　　　　制表：

利润表是反映企业一定会计期间经营成果的报表。该表是按照各项收入、费用以及构成利润的各个项目分类分项编制而成。填列表中各项目"本月数"的资料来源为有关损益类账户的本月发生额。在编制年度报表时，应将"本月数"栏改为"上年数"栏，填列上年全年累计实际发生数。

利润分配表是反映企业一定会计期间对实现净利润以及以前年度未分配利润的分配或者亏损弥补的报表。该表是利润表的附表，说明利润表中反映的净利润的分配情况，以便分析企业利润分配构成是否合理。该表各项的"本年实际"栏数可以根据"利润分配—未分配利润"明细账的年初、年末余额及本年借贷方发生额分析填列。

业务指导：注意会计报表之间的勾稽关系。资产负债表中"未分配利润"项目的年末数减去年初数的差额与利润表中的净利润应该相等。

利　润　表

编制单位：　　　　　　　　　　　　　　　　　　　　　　　　　　单位：元

项　目	本期金额	上期金额
一、营业收入		
减：营业成本		
税金及附加		
销售费用		
管理费用		
研发费用		
财务费用		
其中：利息费用		
利息收入		

续表

项目	本期金额	上期金额加：其他收益
投资收益（损失以"-"号填列）		
其中：对联营企业和合营企业的投资收益		
以摊余成本计量的金融资产终止确认收益（损失以"-"号填列）		
净敞口套期收益（损失以"-"号填列）		
公允价值变动收益（损失以"-"号填列）		
信用减值损失（损失以"-"号填列）		
资产减值损失（损失以"-"号填列）		
资产处置收益（损失以"-"号填列）		
二、营业利润（亏损以"-"号填列）		
加：营业外收入		
减：营业外支出		
三、利润总额（亏损总额以"-"号填列）		
减：所得税费用		
四、净利润（净亏损以"-"号填列）		
（一）持续经营净利润（净亏损以"-"号填列）		
（二）终止经营净利润（净亏损以"-"号填列）		
五、其他综合收益的税后净额		
（一）不能重分类进损益的其他综合收益		
1. 重新计量设定受益计划变动额		
2. 权益法下不能转损益的其他综合收益		
3. 其他权益工具投资公允价值变动		
4. 企业自身信用风险公允价值变动		
（二）将重分类进损益的其他综合收益		
1. 权益法下可转损益的其他综合收益		
2. 其他债权投资公允价值变动		
3. 金融资产重分类计入其他综合收益的金额		
4. 其他债权投资信用减值准备		
5. 现金流量套期储备		
6. 外币财务报表折算差额		
六、综合收益总额		
七、每股收益：		
（一）基本每股收益		
（二）稀释每股收益		

利 润 分 配 表

编制单位：　　　　　　　　　　　　　　年　月　日　　　　　　　　　　　　　　单位：元

项　目	行次	本年实际	实际累计
一、净利润	1		
加：1—11月本年利润累计数	2		
	3		
	4		
	5		
二、可供分配的利润	6		
加：盈余公积补亏	7		
	8		
减：提取盈余公积	9		
其中：提取的公益金	10		
减：应付利润	11		
其中：应付个人投资利润	12		
	13		
	14		
	15		
三、未分配利润	16		

现金流量表，是指反映企业在一定会计期间现金和现金等价物流入和流出的报表。现金流量表按照收付实现制原则编制，将权责发生制下的盈利信息调整为收付实现制下的现金流量信息，便于信息使用者了解企业净利润的质量。现金流量表将企业的业务活动分成经营活动、投资活动和筹资活动三类，从不同角度反映企业的现金流入与流出，弥补了资产负债表和利润表提供信息的不足。

现 金 流 量 表

编制单位：　　　　　　　　　　　　　　年　月　日　　　　　　　　　　　　　　单位：元

项　目	本期金额	上期金额
一、经营活动产生的现金流量：		
销售商品、提供劳务收到的现金		
收到的返还税费		
收到其他与经营活动有关的现金		
经营活动现金流入小计		
购买商品、劳务支付的现金		
支付给职工以及为职工支付的现金		
支付的各项税费		

续表

项　目	本期金额	上期金额
支付其他与经营活动有关的现金		
经营活动现金流出小计		
经营活动产生的现金流量净额		
二、投资活动产生的现金流量		
收回投资收到的现金		
取得投资收益收到的现金		
处置固定资产、无形资产和其他长期资产收回的现金净额		
处置子公司及其其他营业单位收到的现金净额		
收到其他与投资活动有关的现金		
投资活动现金流入小计		
购建固定资产、无形资产和其他长期资产支付的现金		
投资支付的现金		
取得子公司及其他营业单位支付的现金净额		
支付其他与投资活动有关的现金		
投资活动现金流出小计		
投资活动产生的现金流量净额		
三、筹资活动产生的现金流量：		
吸收投资收到的现金		
取得借款收到的现金		
收到其他与筹资活动有关的现金		
筹资活动现金流入小计		
偿还债务支付的现金		
分配股利、利润或偿付利息支付的现金		
支付其他与筹资活动有关的现金		
筹资活动现金流出小计		
筹资活动产生的现金流量净额		
四、汇率变动对现金及现金等价物的影响		
五、现金及现金等价物净增加额		
加：期初现金及现金等价物余额		
六、期末现金及现金等价物余额		

三、根据有关资料计算财务指标,并对报表进行简要的分析说明

在教师指导下,学生通过练习编制各种主要会计报表,从中能够熟悉并掌握会计报表的编制方法,以及根据有关资料计算财务指标,并对报表进行简要的分析说明。既培养了学生的综合分析能力,又提高了学生财经应用文的写作水平。

四、进行会计档案整理,装订会计资料

1. 会计凭证的整理。在编制会计报表后,应将记账凭证连同所附的原始凭证,按照编号顺序装订成册,加具封面,注明企业名称、经济业务的所属年度、月份和起讫日期,记账凭证种类、起讫编号、张数、册数。

2. 账簿的整理。将各种各样的账页按类整理,如总账、明细账等,装订成册。

> **业务指导:** 活页账的整理。
>
> 将活页账已使用的账页按账户目录上的科目顺序排列,然后,按会计账簿封面、账簿启用表、账户目录、账页顺序装订成册;封面应注明单位名称、所属年度及账簿名称,封口要严密并要加盖印章。每本账簿的封面(或在账簿启用表上)都必须粘贴一张面值5元的印花税票,并要划线注销。

3. 会计报表的整理。年末,将全年的会计报表按月顺序整理,装订成册,加具封面,填写有关内容。

此外,还要将全年的纳税申报表等资料按月顺序整理,装订成册,加具封面,以备查验。

下 篇

第六部分　计算机操作导读

一、软硬件及相关知识要求

本实训要求实训机房安装有"用友畅捷通 T3 系列管理软件",并以此作为信息化环境下的会计软件来完成会计核算工作。不同的财务软件,其操作程序和功能大致上是一致的,只是在操作界面上有所不同。

本实训建立在学生已完成电算化会计学习、并已在实训老师的指导下完成上篇手工实训的基础之上。

二、实训目的和要求

通过上机操作,使学生全面了解会计软件支持下的会计核算体系的建立方法及会计核算的操作流程与技巧,达到熟练运用现代信息技术进行会计处理的目的。同时可将信息化处理结果与手工会计处理结果进行比较,以验证其操作的准确性。

根据计算机操作部分所提供的初始设置资料,完成财务软件各系统基础档案的建立工作,并根据实训所提供的原始凭证及手工操作所编制的记账凭证,以规范的操作程序完成信息化环境下的会计核算与监督工作。

三、实训学时安排

本实训建议学时为 30 学时,学时分配建议如下:

实训内容	建议分配学时（节）
计算机操作导读	2 学时
初始设置	10 学时
日常业务处理	8 学时
期末业务处理	4 学时
会计报表生成	6 学时
合计	30 学时

四、操作流程

（一）建立会计核算体系

1. 增加用户
2. 建立核算账套
3. 设置用户操作权限

（二）设置会计核算基础档案、

1. 建立部门档案
2. 建立职员档案
3. 建立客户分类及客户档案
4. 建立供应商分类及供应商档案
5. 设置存货分类并建立存货档案
6. 设置会计科目
7. 设置凭证类别
8. 建立项目目录
9. 设置结算方式
10. 录入开户银行信息
11. 建立仓库档案
12. 设置收发类别
13. 设置采购及销售类型
14. 设置费用项目

（三）设置系统参数

1. 总账系统参数
2. 采购系统参数
3. 销售系统参数
4. 库存系统参数

5. 核算系统参数

（四）核算系统科目设置

1. 存货科目
2. 存货对方科目
3. 客户往来科目/供应商往来

（五）固定资产系统初始设置

1. 建立固定资产核算账套
2. 固定资产系统选项设置
3. 固定资产部门对应折旧科目设置
4. 固定资产类别设置
5. 固定资产增减方式设置
6. 固定资产使用状况设置
7. 固定资产折旧方法设置
8. 录入固定资产原始卡片

（六）录入期初余额

1. 录入总账系统期初余额并试算平衡
2. 录入采购系统期初数据并与总账系统对账，然后进行采购系统的期初记账
3. 录入销售系统期初数据并与总账系统对账
4. 录入库存/核算系统期初数据，然后进行库存/核算系统期初记账

（七）日常业务处理

1. 填制凭证
2. 出纳签字
3. 审核凭证并记账
4. 账簿查询
5. 出纳管理

（八）期末处理

1. 期末转账定义
2. 期末转账生成
3. 期末对账并结账

（九）生成报表

1. 自定义报表生成企业所得税费用计算表
2. 套用报表模板生成资产负债表
3. 套用报表模板生成利润表
4. 套用报表模板生成现金流量表

第七部分 初始设置

一、"系统管理"模块

（一）实训资料

1. 操作员及权限信息如表 7-1 所示。

表 7-1　　　　　　　　　　用 户 信 息 表

编码	姓名	密码	所属部门	职　责	权　限
901	李华	空	财务部	全面负责财务部工作。拥有本账套的所有权限，主要负责各系统的初始设置工作。	账套主管
902	王静	空	财务部	管理现金、银行日记账，进行银行对账并编制余额调节表	总账中的"出纳签字"权及"现金管理"的所有权限
903	王霏	空	财务部	负责各系统原始凭证的录入及凭证的填制或生成	公共目录设置、往来、固定资产、项目管理、应付管理、应收管理、核算、采购管理、销售管理、库存管理的全部权限及总账中除"审核凭证"、"出纳签字"之外的所有权限
904	刘鑫	空	财务部	负责成本计算并对凭证进行审核记账	具有总账中的"凭证审核"与"记账"权

2. 建账资料

中原纺织机械有限公司，2020 年 12 月开始使用"用友畅捷通 T3 系列管理软件"记账，按照下列参数建立账套：

账套号：111

账套名称：中原纺织机械有限公司

启用日期：2020 年 12 月

单位名称：中原纺织机械有限公司

单位简称：中原纺织

单位地址：郑州市南阳路290号

法人代表：张军生

税务登记证号：91410105689740506A

记账本位币：人民币，

企业类型：工业

行业性质：2007年新会计准则

账套主管：李华；按行业性质预置科目

存货进行分类、客户进行分类、供应商进行分类，无外币核算

科目编码级次：4222

部门编码级次：12

存货分类编码级次：12

客户与供应商分类编码级次：12

结算方式编码级次：12

数据精度定义：存货数量小数位：5；存货单价小数位：5；开票单价小数位：5；件数小数位：5；换算率小数位：5

未列明选项均采用系统默认

（二）操作程序

1. 增加操作员：增加李华、王静、王霏、刘鑫四位用户，并将李华设置为账套主管。

2. 利用以上实训资料建立新账套：建账完成后直接启用"总账"、"固定资产"、"核算"、"购销存管理"系统。

3. 根据实训资料为四位操作员设置权限。

4. 账套修改：操作过程发现错误可以使用账套主管的身份进入进行账套修改。

5. 数据的备份与恢复：为了防止数据丢失每一部分操作完成都要进行备份。

操作指导：如果学校的实训机房的机器上装有还原系统，每次上机都要利用备份资料进行恢复操作。所以每次下机的备份工作一定要做好。

只有系统管理员有权进行数据的备份和恢复。注意备份和输出的区别。

知识链接

通过本节学习实践，重点要把握系统管理的操作思路，明确系统管理的操作是有章可循的：新账套的创建，由于还没有其他操作员，只能由系统管理员进行。操作思路是先增加操作员（建账时可直接设定账套主管），再建账，最后设置操作员权限（账套建立之后进行财务分工）。而对于已建账套的修改或者是年度账套的建立，因是对已存在账套的操作，所以由账套主管进行操作。要修改账套，进入"系统管理"中〖账套〗菜单下的〖修改〗；要建立年度账，则进入系统管理中〖年度账〗菜单下的〖建立〗。

二、"基础设置"选项卡（以账套主管李华（操作员ID：901）的身份来完成操作）

（一）机构设置

1. 部门档案资料如表7-2所示。

表7-2　　　　　　　　　　　部　门　档　案　表

部门编码	部门名称
1	总经理办公室
2	财务部
3	采购部
4	销售部
5	基本生产车间
501	铸造分厂
502	机一分厂
503	机二分厂
504	装配分厂
6	辅助生产车间
601	动能分厂
602	机修分厂
7	仓管部
701	材料仓库
702	自制半成品仓库
703	产成品仓库

2. 职员档案资料如表7-3所示。

表7-3　　　　　　　　　职　员　档　案　表

职员编码	职员名称	部门名称	职员属性
101	钱欣	总经理办公室	主任
102	黄波	总经理办公室	管理人员
103	赵欣	总经理办公室	管理人员
201	李华	财务部	财务主管
202	王静	财务部	出纳
203	王霏	财务部	会计

续表

职员编码	职员名称	部门名称	职员属性
204	刘鑫	财务部	会计
301	王尔康	采购部	采购主管
302	赵启明	采购部	管理人员
303	王小玲	采购部	管理人员
401	吴清源	销售部	销售主管
402	刘娟	销售部	销售人员
511	贾大庆	铸造分厂	生产人员
512	王平	铸造分厂	生产人员
521	林彬	机一分厂	生产人员
522	李伟	机一分厂	生产人员
531	丁红	机二分厂	生产人员
532	王丽	机二分厂	生产人员
541	贾敏	装配分厂	生产人员
542	徐月英	装配分厂	生产人员
611	周新	动能分厂	生产人员
612	吴军	动能分厂	生产人员
621	刘敏	机修分厂	生产人员
622	王红英	机修分厂	生产人员
701	凌云	材料仓库	仓管人员
702	赵明	自制半成品仓库	仓管人员
703	夏征	产成品仓库	仓管人员

操作指导：：部门档案与职员档案的设置在"基础设置"选项卡中的"机构设置"下完成。

（二）往来单位

1. 客户及供应商分类资料如表7-4所示

表7-4　　　　　　　　　　客户及供应商分类表

类别编码	类别名称
1	本地
2	外地

2. 客户档案资料如表7-5所示

表7-5　　　　　　　　　　客　户　档　案　表

客户编码	客户名称	客户简称	所属分类码	开户银行	账　号
101	黄河棉纺有限公司	黄河棉纺	1	工行黄河路分行	357489234-43
102	金水棉纺有限公司	金水棉纺	1	工行金水路分行	357489235-56
103	市机械修理有限公司	修理公司	1	工行二环路分行	357489263-32
104	五一棉纺有限公司	五一棉纺	1	工行西环路分行	593937076-68
201	西北棉纺有限公司	西北棉纺	2	工行丰收分行	792358165-79
202	华中棉纺有限公司	华中棉纺	2	工行友谊分行	862822235-59
203	华北纺织有限公司	华北纺织	2	工行中山分行	780264593-56

3. 供应商档案资料如表7-6所示

表7-6　　　　　　　　　　供　应　商　档　案　表

客户编码	客户名称	客户简称	所属分类码	开户银行	账　号
101	郑州市供电公司	电力公司	1	工行淮河分行	380419673-26
102	郑州市自来水公司	自来水公司	1	工行七一分行	680561793-65
103	市物资供应公司	物资供应公司	1	工行八一分行	680561793-68
104	河南省包装材料有限公司	包装材料公司	1	工行嵩阳分行	680790008-75
201	武汉钢铁有限公司	武钢	2	工行汉口分行	890651178-12
202	舞阳钢铁有限公司	舞钢	2	工行南庄分行	672265879-45
203	安阳钢铁有限公司	安钢	2	工行五一分行	286540241-28
204	北京长城机械有限公司	长城机械	2	工行中华分行	545620458-47
205	北京长城铝业有限公司	长城铝业	2	工行石景山分行	786915466-21
206	山西煤矿	山西煤矿	2	工行杏花岭分行	466989573-34
207	太原钢铁公司	太钢	2	工行解放分行	466760248-11
208	上海钢铁有限公司	上钢	2	工行建新分行	680561793-65
209	上海电器有限公司	上海电器	2	工行徐汇分行	298354168-35

操作指导：客户档案与供应商档案在"基础设置"选项卡中的"往来单位"项下进行设置。

在建立客户档案与供应商档案之前先要将客户与供应商进行分类，是否分类是在建立账套时确定的，如需修改，只能在未建立客户档案与供应商档案的情况下，由账套主管在系统管理中修改账套基础信息：

客户与供应商均分为（1）本地和（2）外地。

客户、供应商编码、名称及简称必须输入，这为以后填制凭证提供方便。

启用购销存管理系统之后，客户档案与供应商档案中的纳税人识别号也必须给出。日常业务中需要填写发票时可以通过档案页面的"编辑"功能修改客户/供应商档案增加纳税识别号，新增客户/供应商也可以通过此功能实现。

(三) 存货设置

1. 存货分类资料如表 7-7 所示。

表 7-7　　　　　　　　　　　　存货分类

类别编码	类别名称	类别编码	类别名称
1	原材料	2	周转材料
3	自制半成品	4	产成品
5	其他		

2. 存货档案资料如表 7-8 所示

表 7-8　　　　　　　　　　　　存货档案表

存货编码	存货名称	计量单位	所属分类码	税率	存货属性
101	铝锭	吨	1	13	外购、生产耗用
102	生铁	吨	1	13	外购、生产耗用
103	不锈钢板	吨	1	13	外购、生产耗用
104	角钢	吨	1	13	外购、生产耗用
105	圆钢	吨	1	13	外购、生产耗用
106	油漆	公斤	1	13	外购、生产耗用
107	消耗材料	公斤	1	13	外购、生产耗用
108	包装材料	件	1	13	外购、生产耗用
109	修理用备件	个	1	13	外购、生产耗用
110	电子元器件	件	1	13	外购、生产耗用
111	标准件	件	1	13	外购、生产耗用
112	液压件	件	1	13	外购、生产耗用
113	木材	立方米	1	13	外购、生产耗用
114	柴油	升	1	13	外购、生产耗用
115	焦炭	吨	1	13	外购、生产耗用
116	煤	吨	1	13	外购、生产耗用
201	专用工具	件	2	13	外购
202	包装箱	个	2	13	外购
203	劳保用品	件	2	13	外购
204	办公桌椅	套	2	13	外购
205	铁皮柜	个	2	13	外购
301	铝坯件	吨	3	13	自制、在制、生产耗用
302	铁坯件	吨	3	13	自制、在制、生产耗用
401	成卷机	台	4	13	自制、销售
402	混棉机	台	4	13	自制、销售

续表

存货编码	存货名称	计量单位	所属分类码	税率	存货属性
501	运费	元	5	9	外购、劳务费用
502	杂费	元	5	6	外购、劳务费用

操作指导：存货分类与存货档案在"基础设置"选项卡中的"存货"项下进行设置。这里要特别注意存货属性与税率的设置

(四) 财务设置

1. 会计科目设置。

(1) 明细会计科目及辅助账类型设置信息如表7-9所示。

表7-8　　　　　　会 计 科 目 表

科目编码	科目名称	辅助账类型	账页格式	余额方向
1001	库存现金	日记账、现金科目	金额式	借
1002	银行存款	日记账、银行账、银行科目	金额式	借
100201	工商银行	日记账、银行账、银行科目	金额式	借
1012	其他货币资金		金额式	借
101201	外埠存款		金额式	借
101202	微信		金额式	借
1101	交易性金融资产		金额式	借
110101	宇通客车		金额式	借
1121	应收票据	客户往来（受控系统：无）	金额式	借
1122	应收账款	客户往来（受控系统：应收）	金额式	借
1123	预付账款		金额式	借
112301	预付购货款	供应商往来（受控系统：应付）	金额式	借
112302	预付保险费	供应商往来（受控系统：无）	金额式	借
1221	其他应收款		金额式	借
122101	备用金	个人往来	金额式	借
1402	在途物资	项目核算	数量金额式	借
1403	原材料	项目核算	数量金额式	借
1404	自制半成品	项目核算	数量金额式	借
1405	库存商品	项目核算	数量金额式	借
1411	周转材料	项目核算	数量金额式	借

续表

科目编码	科目名称	辅助账类型	账页格式	余额方向
1501	持有至到期投资		金额式	借
150101	债权投资－成本		金额式	借
150102	应计利息		金额式	借
1604	在建工程		金额式	借
160401	建筑工程		金额式	借
1701	无形资产		金额式	借
170101	专有技术		金额式	借
170102	专利权		金额式	借
1901	待处理财产损益		金额式	借
190101	待处理流动资产损益		金额式	借
190102	待处理固定资产损益		金额式	借
2001	短期借款		金额式	贷
200101	流动资金借款		金额式	贷
2201	应付票据	供应商往来（受控系统：无）	金额式	贷
2202	应付账款		金额式	贷
220201	应付购货款	供应商往来（受控系统：应付）	金额式	贷
220202	应付水电费	供应商往来（受控系统：无）	金额式	贷
2205	预收账款	客户往来（受控系统：应收）	金额式	贷
2211	应付职工薪酬		金额式	贷
221101	工资、奖金、津贴和补贴		金额式	贷
221102	职工福利费		金额式	贷
221103	工会经费		金额式	贷
221104	职工教育经费		金额式	贷
221105	养老保险费		金额式	贷
221106	医疗保险费		金额式	贷
221107	生育保险费		金额式	贷
221108	失业保险费		金额式	贷
221109	工伤保险费		金额式	贷
2221	应交税费		金额式	贷
222101	应交增值税		金额式	贷
22210101	进项税额		金额式	贷
22210102	销项税额		金额式	贷
22210103	进项税转出		金额式	贷

续表

科目编码	科目名称	辅助账类型	账页格式	余额方向
22210104	转出未交增值税		金额式	贷
222102	未交增值税		金额式	贷
222103	应交消费税		金额式	贷
222104	应交教育费附加		金额式	贷
222105	应交所得税		金额式	贷
222106	应交土地增值税		金额式	贷
222107	应交城市维护建设税		金额式	贷
222108	应交房产税		金额式	贷
222109	应交土地使用税		金额式	贷
222110	应交车船使用税		金额式	贷
222111	应交个人所得税		金额式	贷
222112	应交地方教育费附加		金额式	贷
222113	应交印花税		金额式	贷
222114	应交环境保护税		金额式	贷
222115	简易计税		金额式	贷
2241	其他应付款		金额式	贷
224101	基本养老保险		金额式	贷
224102	基本医疗保险		金额式	贷
224103	失业保险		金额式	贷
2501	长期借款		金额式	贷
250101	固定资产投资借款		金额式	贷
4001	实收资本		金额式	贷
400101	国家资本金		金额式	贷
400102	中南纺织机械有限公司		金额式	贷
4002	资本公积		金额式	贷
400201	资本溢价		金额式	贷
400202	其他资本公积		金额式	贷
4101	盈余公积		金额式	贷
410101	一般盈余公积		金额式	贷
410102	公益金		金额式	贷
4104	利润分配		金额式	贷
410401	其他转入		金额式	贷
410402	提取一般盈余公积		金额式	贷
410403	提取公益金		金额式	贷
410408	应付优先股股利		金额式	贷
410410	应付普通股股利		金额式	贷

续表

科目编码	科目名称	辅助账类型	账页格式	余额方向
410415	未分配利润		金额式	贷
5001	生产成本		金额式	借
500101	基本生产成本		金额式	借
50010101	直接材料	部门、项目核算	数量金额式	借
50010102	直接人工	部门、项目核算	数量金额式	借
50010103	制造费用	部门、项目核算	数量金额式	借
500102	辅助生产成本		金额式	借
50010201	直接材料	部门核算	金额式	借
50010202	直接人工	部门核算	金额式	借
50010203	制造费用	部门核算	金额式	借
5101	制造费用		金额式	借
510101	材料费	部门核算	金额式	借
510102	工资费	部门核算	金额式	借
510103	折旧费	部门核算	金额式	借
510104	修理费	部门核算	金额式	借
510105	动力费	部门核算	金额式	借
510106	差旅费	部门核算	金额式	借
510107	水电费	部门核算	金额式	借
6001	主营业务收入	项目核算	数量金额式	贷
6051	其他业务收入		金额式	贷
605101	出租房屋		金额式	贷
605102	加工贸易		金额式	贷
605103	维修服务		金额式	贷
6401	主营业务成本	项目核算	数量金额式	借
6402	其他业务成本		金额式	借
640201	出租房屋		金额式	借
6601	销售费用		金额式	借
660101	工资、奖金、津贴和补贴		金额式	借
660102	职工福利费		金额式	借
660103	折旧		金额式	借
660104	广告费		金额式	借
660105	差旅费		金额式	借
660106	业务宣传费		金额式	借
660107	工会经费		金额式	借
660108	职工教育经费		金额式	借
660109	社会保险费		金额式	借

续表

科目编码	科目名称	辅助账类型	账页格式	余额方向
660110	财产保险费		金额式	借
660111	水电费		金额式	借
660112	其他		金额式	借
6602	管理费用		金额式	借
660201	工资、奖金、津贴和补贴	部门核算	金额式	借
660202	职工福利费	部门核算	金额式	借
660203	折旧费	部门核算	金额式	借
660204	办公费	部门核算	金额式	借
660205	差旅费	部门核算	金额式	借
660206	业务招待费	部门核算	金额式	借
660207	工会经费	部门核算	金额式	借
660208	职工教育经费	部门核算	金额式	借
660209	社会保险费	部门核算	金额式	借
6602010	财产保险费	部门核算	金额式	借
660211	水电费	部门核算	金额式	借
660212	其他	部门核算	金额式	借
6603	财务费用		金额式	借
660301	利息支出		金额式	借
660302	利息收入		金额式	借
660303	汇总损益		金额式	借
660304	手续费		金额式	借
6712	资产处置损益		金额式	贷
6713	信用减值损失		金额式	借

操作指导：会计科目在"基础设置"选项卡中的"财务"项下进行设置。

（2）操作程序

增加会计科目：在预置会计科目的基础上逐级增加明细科目；

修改会计科目：根据会计科目表资料为相关会计科目设置辅助核算，并将客户往来与供应商往来的受控系统按照实训资料调整，为有数量核算要求的科目设置计量单位与账页格式（数量金额式）；

知识链接

对于现金要求登记日记账，对于银行存款，则要求登记日记账和银行账；对于固定资产、应付职工薪酬、管理费用等科目可实行部门核算；其他应收款可实行个人往来核算；应收账款、应收票据等可实行客户往来核算；应付账款、应付票据等则可实行供应商往来核算；在建工程、工程物资、生产成本等科目则可按项目进行核算。具体应根据建账单位实际情况进行正确选择或修改。

删除会计科目：对于本实训来说确实不需用的科目，可以删除以简化核算体系。

指定会计科目：会计科目设置完成之后必须指定现金、银行存款总账科目及现金流量科目。

知识链接

指定现金、银行存款科目是为了出纳管理使用，所以在查询现金、银行存款日记账前，必须指定现金、银行存款总账科目。

必须指定现金流量科目，才能在填制凭证时录入现金流量项目。在填制凭证录入分录的同时录入现金流量项目才能为以后的现金流量统计表、现金流量明细表提供数据。此处指定的现金流量科目为编制现金流量表时函数取数用，所以在录入凭证时，对指定的现金流量科目系统自动弹出窗口要求您指定当前录入分录的现金流量项目。

2．凭证类别设置

本实训采用通用的记账凭证，类别字：记，限制类型：无限制，限制科目：空。

操作指导：凭证类别设置在"基础设置"选项卡中的"财务"下完成。

知识链接

某些类别的凭证在制单时对会计科目有一定限制，以便防止填制凭证时出错，在凭证保存时系统会自动校验提示错误。系统设置了七种限制类型供选择，制单时要求：

借方必有：此类凭证借方至少有一个限制科目。

贷方必有：此类凭证贷方至少有一个限制科目。

凭证必有：此类凭证无论借方还是贷方至少有一个限制科目。

凭证必无：此类凭证无论借方还是贷方均不能有一个限制科目。

无 限 制：此类凭证可使用所有合法的科目。

借方必无：此类凭证借方必须没有限制科目。

贷方必无：此类凭证贷方必须没有限制科目。

3．项目档案

（1）项目档案资料如下：

A．项目大类：存货核算

核算科目：在途物资（1402）、原材料（1403）、周转材料（1411）将"待选科目"列表中存货核算的科目选入"已选科目"

项目分类定义：1. 原材料
　　　　　　　2. 周转材料
　　　　　　　3. 自制半成品
　　　　　　　4. 产成品
　　　　　　　5. 其他
B. 项目大类：成本对象
核算科目：自制半成品（1404）
　　　　　库存商品（1405）
　　　　　生产成本——基本生产成本——直接材料（50010101）
　　　　　生产成本——基本生产成本——直接人工（50010102）
　　　　　生产成本——基本生产成本——制造费用（50010103）
　　　　　主营业务收入（6001）
　　　　　主营业务成本（6401）
将"待选科目"列表中成本对象的科目选入"已选科目"
项目分类定义：1. 自制半成品
　　　　　　　2. 产成品
项目目录：

表7-10　　　　　　　　　　　　项目目录表

项目编号	项目名称	是否结算	所属分类码
301	铝坯件	否	1
302	铁坯件	否	1
401	成卷机	否	2
402	混棉机	否	2

（2）操作程序：项目档案的建立要分四步来完成：
☆设置项目大类
☆指定核算科目
☆设置项目分类
☆维护（增加）项目目录
（3）设置现金流量项目

执行基础设置-财务-项目目录，点击"增加"按钮，打开"项目大类定义-增加"对话框，选择"现金流量项目-一般企业（新准则）"

操作指导：项目档案设置在"基础设置"选项卡中的"财务"下完成。第一个项目大类存货核算"使用存货目录定义项目"，系统可根据存货分类及存货档案自动预置。第二个项目大类使用成本对象，但需要经过完整的操作完成项目目录的定义。

（五）收付结算

1. 结算方式资料如表7-11所示

表 7-11　　　　　　　　　　　　　　结算方式表

类别编码	类别名称	票据管理方式
1	库存现金	否
2	支票	是
201	现金支票	是
202	转账支票	是
3	商业汇票	否
301	商业承兑汇票	否
302	银行承兑汇票	否
4	汇兑	否
401	电汇	否
402	信汇	否
5	委托收款	否
6	其他	否

操作指导：结算方式设置在"基础设置"选项卡中的"收付结算"下完成。

2. 开户银行设置

编号：01

开户行：工商银行郑州市和平支行

账号：680394184-89

暂封标志：否

操作指导：开户银行设置在"基础设置"选项卡中的"收付结算"下完成。

3. 付款条件设置（本实训不涉及这部分内容）

知识链接

折扣条件通常有：

客户在 10 天内偿还货款，可得到 5% 的折扣，只付原价的 95% 的货款。表示为：5/10。

在 20 天内偿还货款，可得到 2% 的折扣，只要付原价的 98% 的货款。表示为 2/20。

在 30 天内偿还货款，则须按照全额支付货款。表示为 n/30。

在 30 天以后偿还货款，则不仅要按全额支付货款，还可能要支付延期付款利息或违约金。

（六）购销存设置

1. 仓库档案资料设置如表 7-12 所示

表 7-12　　　　　　　　　　　　　　仓库档案表

仓库编码	仓库名称	计价方式	是否货位管理	允许零出库
1	材料仓库	先进先出法	否	否
2	自制半成品库	先进先出法	否	否
3	成品库	先进先出法	否	否

操作指导：仓库档案在"基础设置"选项卡中的"购销存"下完成。这里需要注意的是存货计价方式的选择。

2. 收发类别资料设置如表7-13所示

表7-13 收发类别表

收发类别编码	收发类别名称	收发标志	收发类别编码	收发类别名称	收发标志
1	入库类别	收	2	出库类别	发
11	采购入库	收	21	销售出库	发
12	产成品入库	收	22	材料领用出库	发
121	成卷机入库	收	221	产品生产领用	发
122	混棉机入库	收	222	车间一般领用	发
13	退料入库	收	223	行政管理领用	发
14	半成品入库	收	224	销售机构领用	发
141	铝坯件入库	收	225	辅助生产领用	发
142	铁坯件入库	收	23	半成品出库	发
15	其他入库	收	231	铝坯件出库	发
151	盘盈入库	收	232	铁坯件出库	发
16	委托加工入库	收	24	产品自用出库	发
			25	其他出库	发
			251	盘亏出库	发

操作指导：收发类别在"基础设置"选项卡中的"购销存"下完成。收发类别的定义关系到存货对方科目的设置。

3. 采购及销售类型：系统默认
4. 费用项目设置如表7-14所示

表7-14 费用项目表

费用项目编号	费用项目名称
1	运费
2	杂费

操作指导：费用项目在"基础设置"选项卡中的"购销存"下完成。

5. 单据设计

对"材料出库单"增设"项目大类编码"及"项目编码"栏目，并将其放在相应的名称栏之前。

操作指导：单据设计在"基础设置"选项卡中的"单据设计"下完成。根据企业核算需要其他单据也可以进行相应修改。

操作程序：

1. 基础设置——单据设计——材料出库单

2. 点击"增加"按钮，在"请选择要恢复项目"表中选择"表体项目：项目大类编码"，点击"确认"按钮。

3. 点击"增加"按钮，在"请选择要恢复项目"表中选择"表体项目：项目编码"，点击"确认"按钮。

三、系统参数设置（以账套主管李华（操作员ID：904）的身份来完成操作）

（一）总账系统参数设置如表7－15所示

表7－15　　　　　　　　　　总账系统参数设置表

选项卡		参数设置
凭证	制单控制	制单序时控制
		支票控制
		资金及往来赤字控制
		允许修改、作废他人填制的凭证
		现金流量项目必录
	凭证编号方式	系统编号
其他	数量小数位	5
	单价小数位	5

实训未说明总账选项卡参数信息采用默认（选项参数，无需修改。）

操作指导：由总账系统的"设置"菜单的"选项"命令打开"选项"对话框进行相应的勾选。

（二）采购系统、销售系统、库存系统系统参数：采用系统默认设置

注意：购销存管理系统业务范围必须退出其他模块（鼠标右击，注销互斥模块），否则会出现站点互斥现象。

（三）核算系统：进项税转出科目为"22210103 进项税额转出"，其余采用系统默认设置

四、核算科目设置（以账套主管李华（操作员 ID：901）的身份来完成操作）

1. 存货科目设置如表 7-16 所示

表 7-16　　　　　　　　　　　存货科目表

仓库编码	仓库名称	存货科目编码	存货科目名称
1	材料仓库	1403	原材料
2	材料仓库	1411	周转材料
3	自制半成品库	1404	自制半成品
4	成品库	1405	库存商品

操作指导：在核算系统的"科目设置"下进行"存货科目"的设置。一类存货下只能设置一种存货。

2. 存货对方科目设置如表 7-17 所示

表 7-17　　　　　　　　　　　存货对方科目表

收发类别编码	收发类别名称	对方科目编码	对方科目名称
11	采购入库	1402	在途物资
121	成卷机入库	50010101	直接材料
122	混棉机入库	50010101	直接材料
151	盘盈入库	190101	待处理流动资产损益
21	销售出库	6401	主营业务成本
221	产品生产领用	50010101	直接材料
222	车间一般领用	510101	材料费
223	行政管理领用	660212	其他
224	销售机构领用	660112	其他
225	辅助生产领用	50010201	直接材料
251	盘亏出库	190101	待处理流动资产损益

操作指导：在核算系统的"科目设置"下进行"存货对方科目"的设置。设置了存货对方科目，在生成涉及存货业务的记账凭证时系统会自动带出对方科目。

3. 客户往来科目/供应商往来科目设置如表 7-18 所示

表 7-18　　　　　　　　　客户往来科目/供应商往来科目表

科目种类	客户往来科目		供应商往来科目	
	名　称	编　码	名　称	编　码
基本科目设置	应收科目	1122	应付科目	220201
	销售收入科目	6001	采购科目	1402
	应交增值税科目	22210102	应交增值税科目	22210101
	销售退回	6001		
	预收科目	2203	预付科目	112301
	现金折扣			
结算方式科目设置	现金支票	100201	现金支票	100201
	转账支票	100201	转账支票	100201
	商业承兑汇票	1121	商业承兑汇票	2201
	银行承兑汇票	1121	银行承兑汇票	2201
	电汇	100201	电汇	100201
	信汇	100201	信汇	100201
	其他	100201	其他	100201

操作指导： 在核算系统的"科目设置"下进行"客户往来科目"与"供应商往来科目"的设置。

知识链接

"客户往来科目"中的"结算方式科目设置"是指当收到货款时，按照结算方式的不同，系统自动带出的收款会计科目，其中商业汇票结算方式是指销售商品收到"商业汇票"时，视同"现结"，系统自动带出的借方会计科目是"1121 应收票据"。如果"应收票据"初始设置为"客户往来——受控于应收子系统"，则不能在"客户往来科目设置"中的"结算方式科目设置"设置"1121 应收票据"。

五、固定资产系统初始设置

1. 建立固定资产核算账套。

操作指导： 第一次使用固定资产系统需要进行初始设置。固定资产启用月份为 2020 年 12 月；采购平均年限法（一）计提折旧；计提周期为一个月；资产类别编码长度 2-1-1-2，总长度 6，固定资产编码方式为手工输入；与财务系统对账科目：固定资产 1601、累计折旧 1602，对账不平情况下不允许固定资产月末结账，其他未列明选项采用系统默认设置。

2. 固定资产系统选项设置

操作指导：在"固定资产"——"设置"——"选项"——"与财务系统接口"中，选中"业务发生后立即制单"。输入"可纳税调整的增加方式：直接购入"、"捐赠"，"固定资产缺省入账科目：1601 固定资产"，"累计折旧缺少入账科目：1602"，"可抵扣税额入账科目：22210101 进项税额"。

3. 固定资产部门对应折旧科目设置

固定资产部门对应折旧科目设置如表 7-19 所示。

表 7-19　　　　　　　　固定资产部门对应折旧科目表

部门编码	部门名称	折旧科目
1	总经理办公室	660203
2	财务部	660203
3	采购部	660203
4	销售部	660103
5	基本生产车间	510103
6	辅助生产车间	50010203
7	仓管部	660203

操作指导：在"固定资产"——"设置"——"部门对应折旧科目"下进行。

4. 固定资产类别设置

固定资产类别设置如表 7-20 所示。

表 7-20　　　　　　　　固定资产类别表

类别编码	类别名称	折旧方法	使用年限	净残值率（%）	卡片样式	增加当月计提
01	房屋建筑物	平均年限法（一）	40	4	通用样式	否
02	机器设备	平均年限法（一）	10	4	通用样式	否
03	办公设备	平均年限法（一）	5	4	通用样式	否
04	运输设备	平均年限法（一）	10	4	通用样式	否

操作指导：在"固定资产"—"设置"—"资产类别"下进行。

5. 固定资产增减方式设置。

操作指导：在"固定资产"—"设置"—"增减方式"下，使用系统默认设置。

6. 固定资产使用状况设置。

操作指导：在"固定资产"—"设置"—"使用状况"下，使用系统默认设置。

7. 固定资产折旧方法设置。

操作指导：在"固定资产"—"设置"—"折旧方法"下，使用系统默认设置。

8. 录入固定资产原始卡片。

操作指导：在"固定资产"—"卡片"—"录入原始卡片"下，进行录入。根据"固定资产分类汇总表"，手工录入固定资产编号、固定资产名称、使用部门、使用状况、开始使用日期、使用年限、原值、累计折旧方面的信息并确认对应折旧科目。全部录入完毕需要通过"固定资产"—"处理"—"对账"与总账系统进行对账。

六、期初余额录入

（一）总账系统期初余额

以手工实训资料"十一月末账户余额表"为依据录入总账系统 12 月期初余额；应收科目与应付科目期初余额分别在销售与采购系统进行录入，然后引入总账期初余额表；生产成本的录入依据"十一月末在产品成本表"进行。

知识链接

系统在完成建账及其他基础信息、基础档案设置后，应该把手工会计中的期初余额录入系统，以备进入日常账务处理环节。期初余额有两种：一是年初余额，二是月初余额。如果账套启用月是某一年度的 1 月份，则年初余额就是月初余额，系统只显示期初余额；但如果启用月不是 1 月份，则系统会要求录入期初余额、累计借方发生额、累计贷方发生额，然后自动计算出年初余额。

操作指导：只能录入最末级科目的余额和累计发生数，上级科目（为黄色）的余额和累计发生数由系统自动计算汇总。

在录入辅助核算科目期初余额之前，必须先设置各辅助核算目录。

所有辅助核算科目都不能直接在余额栏（为浅灰色）录入余额，必须双击该科目的余额栏，打开相应对话框按明细内容录入。

有数量核算的科目，必须先录入期初余额，再录入数量。

有外币核算的科目，必须先录入本币余额，再录入外币余额。

如果有部分调整科目，余额方向不对的话，可以通过软件提供的"调整余额方向"按钮进行余额方向的调整；

期初余额录入完毕，必须进行对账并试算平衡。试算结果不平衡，将不能记账，但可填制凭证。

若已记过账，则不能再录入、修改期初余额，也不能"结转上年余额"。如果确实需要录入，必须取消记账。

（二）采购系统期初余额

供应商往来期初余额如表 7-21 所示

表 7-21　　　　　　　　　供应商往来期初

发票号	开票日期	单据类型	供应商	部门	税率	到期日期	科目编码	存货名称	计量单位	数量	单价	价税合计
20201101	2020-11-30	专用发票	武汉钢铁有限公司	采购部	13.00	2020-11-30	220201	生铁 角钢 圆钢	吨 吨 吨	50 20 20	3 106.19469 3 365.04425 3 520.35390	175 499.99 76 050.01 79 560.00
20201102	2020-11-30	专用发票	舞阳钢铁有限公司	采购部	13.00	2020-11-30	220201	不锈钢板	吨	5	19 672.56637	111 150.00

操作指导：

1. 选择"采购"——"供应商往来"——"供应商往来期初"命令，打开"期初余额——查询"对话框。

2. 单击"确认"，打开"期初余额明细表"对话框。

3. 单击"增加"，打开"单据类别"对话框，单据名称：采购发票，单据类型：专用发票，方向：正向，单击"确认"。

4. 进入采购专用发票录入对话框，依次录入发票中的有关信息，"保存"。蓝色文本框的内容必录，黑色文本框的内容可录可不录，但会计科目文本框一定要选对科目，否则对账不平。

5. 全部录完之后，单击"退出"，打开"期初余额明细表"对话框，单击"对账"按钮，进行供应商期初余额与总账期初余额对账。

6. 对账正确之后以采购系统进行初记账。其操作步骤为："采购"——"期初记账"，单击"记账"按钮，显示"期初记账完毕"。

知识链接

采购系统期初余额录入包括上月末暂估入库材料、在途物资、供应商往来余额三项，分别需要作为期初采购入库单、期初采购发票以及供应商往来期初录入。

凡在会计科目中已设置为"供应商往来"辅助核算并受控于"应付"子系统的"应付账款"、"预付账款"等科目如果有期初余额，就要在采购系统中的"供应商往来期初"中录入，以便采购系统与总账系统对账一致。

（三）销售系统期初余额

客户往来期初余额如表 7-22 所示

表 7-22　　　　　　　　　　　　　　客户往来期初

开票日期	单据类型	单据日期/发票号	客户	部门	到期日期	税率	科目	存货名称	计量单位	数量	单价	价税合计
2020-11-30	普通发票	20200805	市机械修理有限公司	销售部	2020-11-30	6.00	1122	杂费	元	1	321	321
2020-11-30	专用发票	20200930	五一棉纺有限公司	销售部	2020-11-30	13.00	1122	成卷机	台	1	20 4491.15044	231 075
2020-11-30	专用发票	20201116	金水棉纺有限公司	销售部	2020-11-30	13.00	1122	混棉机	台	1	191 548.67256	216 450

知识链接

销售系统期初余额是指录入客户往来期初余额。凡在会计科目中已设置为"客户往来"辅助核算并受控于"应收"子系统的"应收账款"、"预收账款"等科目如果有期初余额,就要在销售系统中的"客户往来期初"中录入,以便销售系统与总账系统对账一致。

操作指导:本实训销售系统期初操作程序与采购系统基本一致。

(四) 库存系统期初余额

库存系统期初余额依据"十一月末库存原材料结存表"、"十一月末库存自制半成品结存表"、"十一月末库存商品结存表"、"十一月周转材料结存表"进行录入。

表 7-23　　　　　　　　　　　　　库存系统期初余额表

存货编码	存货名称	计量单位	数量	单价	金额	入库日期	存货科目编码	存货科目
101	铝锭	吨	3	11 000	33 000	2020-11-30	1 403	原材料
102	生铁	吨	30	3 000	90 000	2020-11-30	1 403	原材料
103	不锈钢板	吨	1	19 000	19 000	2020-11-30	1 403	原材料
104	角钢	吨	3	3 250	9 750	2020-11-30	1 403	原材料
105	圆铁	吨	2	3 400	6 800	2020-11-30	1 403	原材料
106	油漆	公斤	160	12.5	2 000	2020-11-30	1 403	原材料
107	消耗材料	公斤	60	15	900	2020-11-30	1 403	原材料
108	包装材料	件	5	286.18	1 430.9	2020-11-30	1403	原材料
109	修理用备件	个	10	60.07	600.7	2020-11-30	1 403	原材料
110	电子元器件	件	10	8 927	89 270	2020-11-30	1 403	原材料
111	标准件	件	200	200	40 000	2020-11-30	1 403	原材料
112	液压件	件	100	722	72 200	2020-11-30	1 403	原材料

续表

存货编码	存货名称	计量单位	数量	单价	金额	入库日期	存货科目编码	存货科目
113	木材	立方米	6	1 450	8 700	2020-11-30	1 403	原材料
114	柴油	升	155	6	930	2020-11-30	1 403	原材料
115	焦炭	吨	10	3 000	30 000	2020-11-30	1 403	原材料
116	煤	吨	110	600	66 000	2020-11-30	1 403	原材料
201	专用工具	件	50	255	12 750	2020-11-30	1 411	周转材料
202	包装箱	个	1 439	30	43 170	2020-11-30	1 411	周转材料
203	劳保用品	件	300	60	18 000		1 411	周转材料
合计：			2 654.00		544 501.60			
301	铝坯件	吨	4	6 500	26 000	2020-11-30	1 404	自制半成品
302	铁坯件	吨	40	6 250	250 000	2020-11-30	1 404	自制半成品
合计：			44		276 000.00			
401	成卷机	台	10	163 000	1 630 000	2020-11-30	1 405	库存商品
402	混棉机	台	11	148 000	1 628 000	2020-11-30	1 405	库存商品
合计：			21		3 258 000			

操作指导：选择"库存"——"期初数据"——"库存期初"，打开"期初余额"对话框。

选择"仓库"，"增加"存货，每个仓库的存货录入完成，点击"保存"然后选择另一个"仓库"依次进行所有存货的录入，全部录入之后点击"记账"。

知识链接

1. 库存系统和核算系统都可以录入存货期初余额，期初数据两系统共享。

2. 录入存货期初余额一定要注意选对仓库，否则会造成日后录入存货发生额找不到对应仓库的存货问题。

3. 录完所有存货期初余额后，一定要点击"记账"按钮，否则库存系统其他菜单不会显现。

4. 存货期初余额"记账"后发现所录入期初余额有错误，则选择"库存"——"期初数据"——"库存期初"，打开"期初余额"对话框，点击"恢复"即可。

第八部分 日常业务处理

一、日常业务资料

本教材上篇所给原始凭证、手工操作所编制的记账凭证及各种计算表。

二、操作程序

日常业务处理主要是凭证处理。由于本次上机不仅模仿手工操作启用了总账系统，同时还启用了"固定资产"、"核算"和"购销存管理"系统，所以需要根据相关的经济业务分别在"总账"系统中直接填制凭证，或相应的子系统中录入原始凭证并审核记账后生成记账凭证。

日常业务处理必须在初始化工作全部完成之后才能进行。

（一）凭证的填制（以制单员王霏（操作员ID：903）的身份来完成操作）

重新注册，将操作员换成制单人员王霏（操作员ID：903）。

注意事项：凭证日期不能大于系统日期（当前计算机所显示日期），制单要序时，凭证上的日期顺序不能颠倒，每次注册进入系统时都要将操作日期调整为业务当天的日期。

操作指导：（一）增加凭证

记账凭证的内容一般包括两部分：一是凭证头部分，包括凭证类别、凭证编号、制单日期和附单据数等；二是凭证正文部分，包括摘要、科目、辅助信息和金额等。如果输入会计科目有辅助核算要求，则应输入辅助核算内容；如果一个科目同时兼有多种辅助核算，则同时要求输入各种辅助核算的有关内容。

操作指导： 1. 凭证头部分

（1）凭证类别：可以输入凭证类别，也可以参照输入。

（2）凭证编号：一般情况下，凭证编号由系统分类按月自动编制，即每类凭证每月都从0001号开始。

（3）制单日期：即填制凭证的日期。系统自动取进入账务系统前输入的业务日期为记账凭证填制的日期，如果日期不对，可进行修改或参照输入。

（4）附单据数：即输入原始凭证张数。

（5）凭证自定义项：是由用户自定义的凭证补充信息。用户可根据需要自行定义和输入，系统对这些信息不进行校验，只进行保存。

2. 凭证正文部分

（1）摘要：输入本笔分录的业务说明，要求简洁明了，不能为空。

（2）科目：必须输入末级科目。科目可以输入科目编码、中文科目名称、英文科目名称或助记码。

（3）辅助信息：对于要进行辅助核算的科目，系统提示输入相应的辅助核算信息。辅助核算信息包括客户往来、供应商往来、个人往来、部门核算和项目核算。如果需要对所输入的辅助项进行修改，可双击所要修改的项目，在系统显示的辅助信息录入窗内进行修改。

（4）金额：即该笔分录的借方或贷方本币发生额，金额不能为零，但可以是红字，红字金额以负数形式输入。

业务1：总账系统→填制凭证。

业务2：总账系统→填制凭证。

业务3：销售系统→客户往来→收款结算（本次结算金额为收款回单上的金额）；核算系统→凭证→客户往来制单→核销制单。

业务4：销售系统→客户往来→负向应收单→市机械修理厂（-321）；核算系统→客户往来制单→应收单制单。

业务5：销售系统→销售发票→增加→保存→复核；代垫（运费）→审核；核算系统→凭证→客户往来制单→发票制单及应收单制单，在生成的凭证上修改主营业务收入的项目及银行存款科目名称。

业务6：总账系统→填制凭证。

业务7：总账系统→填制凭证。

业务8：总账系统→填制凭证。

业务9：库存系统→材料出库单（仓库、领料部门、出库类别、材料名称、数量、所用于生产的项目）→保存→审核；核算系统→正常单据记账→购销单据制单，在生成的凭证上完善项目信息。

业务10：总账系统→填制凭证。

业务11：总账系统→填制凭证。

业务12：总账系统→填制凭证。

业务13：总账系统→填制凭证。

业务14：固定资产系统→资产增加→填制资产卡片→保存；固定资产→批量制单→制单选择（双击选中）→制单设置（营业外收入科目设置，固定资产与进项税额科目会自动带出）。

业务15：采购系统→采购发票→专用发票→保存→现付→复核；核算系统→凭证→供应商往来制单→现结制单→合并制单。

注意事项：本业务的两张发票，均填制增值税专用发票，但需要将运费发票的增值税税率改为9%。现结也需要分两笔完成，每一笔的金额都不能大于发票金额。

业务16：采购系统→采购入库单→选单（采购发票），设置仓库、入库类别、采购类型等；采购系统→采购结算（手工结算），选择采购发票、运费发票及采购入库单，按"数量"进行运费分摊，然后"结算"完成采购成本计算；库存系统→采购入库单审核→审核；核算系统→核算→正常单据记账→选择要记账的单据"记账"→购销单据制单→选择→采购入库单（报销记账）→生成凭证。

业务17：总账系统→填制凭证（为正确统计现金流量表数据，缴纳税金分录和缴纳社保费分录分开两笔填制）。

业务18：固定资产系统→资产增加→填制资产卡片→保存；固定资产→批量制单→制单选择（双击选中）→制单设置（银行存款科目设置，固定资产与进项税额科目会自动带出）。

业务19：操作方法同"业务9"，最后一张凭证需要修改：把基本生产成本（制造费用）的分录分成成卷机与混棉机两条显示。

业务20：库存系统→产成品入库单，选择仓库"自制半成品库"，入库类别"铁坯件入库"，保存审核之后再填一张"铝坯件入库"单。本业务不生成凭证。

业务21：总账系统→填制凭证。

业务22：总账系统→填制凭证。

业务23：总账系统→填制凭证。

业务24：总账系统→填制凭证。

业务25：总账系统→填制凭证。

业务26：固定资产→计提折旧（系统要求在计提折旧之后才能进行资产减少处理）→资产减少，输入卡片号、减少原因等，"确定"，选择生成固定资产减少凭证；总账系统→填制凭证（清理收入、清理费用、结转清理净损益）。（为正确统计现金流量表数据，库存现金在借方用红字列示支付清理费600元）

业务27：销售系统→销售发票→保存→现结（收到商业承兑汇票视同现结）→复核；核算系统→凭证→客户往来制单→现结制单，在生成的凭证上修改主营业务收入的项目、数量及单价。

业务28：总账系统→填制凭证。

业务29：总账系统→填制凭证。

业务30：总账系统→填制凭证。

业务31：总账系统→填制凭证。

业务32：总账系统→填制凭证。
业务33：总账系统→填制凭证。

操作提示： 前半月的记账凭证已经填制完成，可以选择"包含未记账凭证"生成上半月的"余额表"（总账——账簿查询——余额表）与"科目汇总表"（总账——凭证——科目汇总）。

业务34：总账系统→填制凭证。
业务35：采购系统→采购发票→保存→现付→复核→"流转"（生成采购入库单）→采购结算；库存系统→采购入库单审核；核算系统→正常单据记账→购销单据制单（采购入库单报销记，选择"已结算采购入库单自动选择全部结算单上单据，采购入库与发票生成一张凭证）。
业务36：采购系统→供应商往来→付款结算→选择供应商→增加→填入表头信息（结算方式、金额等）→保存→预付；核算系统→供应商往来制单→核销制单。
业务37：固定资产→计提折旧；固定资产→资产减少→生成资产减少凭证；总账系统→填制凭证（出售收入、缴纳税费，结转出售净收益）。
业务38：同业务35。
业务39：同业务35，没有"现付"。
业务40：采购系统→采购发票（运费与购货两张专用发票，税率不同）→保存→现付（商业承兑汇票视同现付）→复核；核算系统→凭证→供应商往来制单→现结制单（合并制单）。
业务41：同业务9。
业务42：采购系统→采购入库单→增加→选择仓库→选单（采购发票）→在发票列表上取消"拷贝后执行发票对应的订单"复选框→过滤→选择相应发票，生成采购入库单，保存退出，采购结算（运费按数量分摊）；库存系统→采购入库单审核；核算系统→正常单据记账→购销单据制单。
业务43：采购系统→采购发票→流转（生成采购入库单）→复核→采购结算→付款结算（使用预付150 000元）；库存系统→采购入库单审核；核算系统→正常单据记账→购销单据制单→生成材料入库凭证；核算系统→供应商往来制单→发票制单（生成应付款凭证）；核算系统→供应商往来制单→核销制单→生成付款凭证（付余额及预付冲应付）。
业务44：销售系统→收款结算；核算系统→客户往来制单→核销制单。
业务45：总账系统→填制凭证。
业务46：总账系统→填制凭证。
业务47：总账系统→填制凭证。
业务48：采购系统→付款结算（预付）；核算系统→供应商往来制单→核销制单。
业务49：总账系统→填制凭证。
业务50：总账系统→填制凭证。
业务51：与业务43不同的地方：采购系统→供应商往来→预付冲应付→选择供应商→过滤出已预付→自动转账；核算系统→供应商往来制单→转账制单，剩余货款挂账。

业务52：采购系统→采购发票；核算系统→供应商往来制单→发票制单。

业务53：同业务52。

业务54：采购系统→采购入库单→采购结算；库存系统→采购入库单审核；核算系统→单据正常单据记账→购销单据制单。

业务55：同业务20。

业务56：总账系统→填制凭证。

业务57：销售系统→收款结算（预收）；核算系统→客户往来制单→核销制单。

业务58：销售系统→销售发票→代垫（运费）；库存系统→销售出库单生成→审核；核算系统→客户往来制单→发票制单。销售系统→客户往来→预收冲应收（按实际应收金额自动转账）；核算系统→客户往来制单→转账制单。多收的预收款在收款结算的收款单中选择华北棉纺厂之后点击："切换"按钮，将收款单变成付款单，填入需结算金额，自动核销；核算系统→客户往来制单→核销制单。

业务59：销售系统→收款结算；核算系统→客户往来制单→核销制单（为正确统计现金流量表数据，银行存款支付代垫运费及退回货款在借方用红字列示）。

业务60：总账系统→填制凭证。

业务61：总账系统→填制凭证。

业务62：总账系统→填制凭证。

业务63：总账系统→填制凭证（财务费用在借方用负数列示）。

业务64：总账系统→填制凭证。

业务65：总账系统→填制凭证。

业务66：库存系统→其他出库单→行政管理领用；核算系统→正常单据记账→购销单据制单。

业务67：总账系统→填制凭证。

业务68：总账系统→填制凭证。

业务69：库存系统→库存盘点→选择仓库→日期→输入实存数量→生成其他出库单→其他出库单→审核；核算系统→正常单据记账→购销单据制单；总账系统→填制凭证（结转损失）。

业务70：总账系统→填制凭证。

业务71：总账系统→期末→转账定义→自定义转账功能完成：借：应交税费——应交增值税——转出未交增值税；贷：应交税费——未交增值税；公式为［QM（22210102，月，贷）－QM（22210101，月，借）］（也可在总账系统填制凭证）。

业务72：总账系统→期末→转账定义→自定义转账功能完成（也可在总账系统填制凭证）。

业务73：总账系统→填制凭证。

业务74：总账系统→填制凭证。

业务75：固定资产系统→批量制单→选择折旧计提凭证合并科目相同的科目生成凭证。

业务76：总账系统→填制凭证。

业务77：总账系统→填制凭证。

业务78：总账系统→填制凭证（或通过期末转账功能的"自定义转账"的方式定义并生成制造费用结转凭证）。

业务79：核算系统→产成品成本分配→查询→选择仓库→录入每种自制半成品的总成本→保存；核算系统→正常单据记账→购销单据制单。

业务80：库存系统→产成品入库单→录入完工产品数量→保存并审核；核算系统→产成品成本分配→查询→选择仓库→录入每种产成品的总成本→保存；核算系统→正常单据记账→购销单据制单。

业务81：核算系统→正常单据记账→购销单据制单。

业务82：总账系统→填制凭证。

业务83：总账系统→期末转账→期间损益结转（收入类）。

操作指导： 从第83笔业务开始，每生成一张凭证都要及时审核记账，之后再生成下一张凭证。这样才能保证账中取数的正确性。期间损益结转在期末业务处理部分有较详细的操作指导。

业务84：总账系统→期末转账→期间损益结转（支出类）。

业务85：总账系统→期末转账→自定义结转（计算所得税费用）；总账系统→期末转账→期间损益结转（结转所得税费用）；总账系统→期末转账→对应结转（本年利润转入未分配利润）。

业务86：总账系统→期末转账→自定义结转（计提法定盈余公积和公益金）；总账系统→期末转账→自定义结转（（法定盈余公积和公益金转入未分配利润）；总账系统→期末转账→自定义结转（计算应付利润）；总账系统→期末转账→对应结转（应付利润转入未分配利润）。

（二）凭证的修改、作废和整理

1. 总账系统凭证的修改。

操作指导： 会计凭证的填制过程中难免出错，对错误凭证的修改方法有三种：

一是对正在输入过程中发生的小问题，或虽然已经保存，但问题较容易处理的，可直接单击选中需要修改的项目重新输入正确的即可，或单击〖插分〗在选定行前插入一行分录，或单击〖删分〗删除选中分录。

二是已经保存未经出纳签字和审核的凭证有小问题时，在凭证填制界面，使用〖首张〗〖上张〗〖下张〗〖末张〗或使用〖查询〗命令找到问题凭证，直接修改后〖保存〗即可。

三是已经保存未经出纳签字和审核的凭证有较大问题不便修改时，可以采取作废并整理凭证的方式来删除问题凭证，之后再重新录入正确凭证即可。凭证的作废和整理也是一种问题凭证的处理方式。

2. 固定资产系统生成凭证的修改。

操作指导： 固定资产→处理→凭证查询→删除错误凭证→撤销操作→修正操作过程中的错误→批量制单（生成新的凭证）。

3. 采购系统生成凭证的修改。

操作指导：核算→凭证→购销存/供应商凭证列表→删除错误凭证；核算菜单→核算→取消单据记账；采购→采购结算→结算单明细列表→删除有错结算单；修改发票/入库单中的错误，重新进行采购结算、数量账登记并制单。

4. 销售系统生成凭证的修改。

操作指导：没有采购结算的反向操作，其余同采购业务。

5. 库存系统生成凭证的修改。

操作指导：库存业务处理的反向操作，修改之后再正向处理。

6. 凭证的作废与整理。总账系统凭证可直接作废，其他系统删除的凭证在总账系统中均为作废凭证。对作废的凭证进行整理可以删除已作废凭证。

操作指导：总账系统→填制凭证→制单→整理凭证→整理期→全选→确定→整理凭证断号。

（三）出纳签字

重新注册，更换操作员为王静（操作员ID：902）进行出纳签字。

操作指导：总账→凭证→出纳签字→成批出纳签字。

知识链接

出纳签字是针对涉及出纳业务的收、付款凭证的确认，是出纳管理的一个重要手段。可以单张签字，也可以核对后成批出纳签字。

如果出现出纳无法签字，需要检查会计科目设置部分是否指定了现金和银行总账科目。

（四）凭证的审核、记账（以审核记账员刘鑫（操作员ID：904）的身份或账套主管李华（操作员ID：901）的身份来完成操作）

重新注册，将操作员换成审核记账员刘鑫（操作员ID：904）。
日常业务部分凭证录入完成之后，要对其进行审核凭证，审核无误即可进行记账处理。
如果无法记账可从下面几个方面进行检查：
☆期初余额试算是否平衡；
☆本月凭证是否进行了审核；
☆本月之前是否有未结账的情况存在（本实训的启用月份是12月，如果在启用时选择错误的话，需要先对本月之前的月份进行结转处理，本月才能记账）

操作指导：如果审核之后记账之前发现有凭证错误，先由审核人员取消签字（有出纳签字的要取消出纳签字），再由制单人员在填制凭证界面进行修改。

已记账凭证发现错误，可利用"制单"下的"冲销凭证"功能，编制一张冲销凭证，审核记账之后，再编制一张正确的凭证并进行登记。

如果记账之后发现有较多的错误，可采用"倒退法"先"恢复记账前状态"→再取消审核→取消出纳签字→回到"填制凭证"对话框→修改凭证内容。

只有主管才有权"取消记账"，其操作方法是：

在期末的"对账"界面下按"CTRL＋H"组合键激活"恢复记账前状态"；在"凭证"菜单下点击"恢复记账前状态"命令进行取消记账操作。

在进行恢复记账前状态之前，必须关闭与总账相关的其他系统，如财务报表系统，否则将出现共享冲突，无法使用此功能。

（五）账簿管理（以账套主管（操作员 ID：901）的身份来完成操作）

重新注册，更换操作员为李华（操作员 ID：901）。

1. 查询、打印

主要包含各类账簿的查询、辅助查询，总账、余额表、明细账、序时账、多栏账、日记账、各类客户、往来、项目等辅助账，现金流量等账表的查询、打印。

2. 多栏账定义

（1）以"自动编制"的方式完成"制造费用"及"管理费用"多栏账的定义。

（2）根据"财务费用"及"增值税"的明细科目以手动的方式完成其综合多栏账的定义。

操作指导：以"财务费用"多栏账定义为例说明。

第一步："总账｜账簿查询"，点击"综合多栏账"；

第二步：增加"财务费用多栏账"，增加"财务费用"栏目组；

第三步：为"财务费用"栏目组选定核算科目"财务费用"；

第四步：按表 8－1 设置栏目，完成设置；

表 8－1

科目方向	栏目名称
借	利息支出
贷	利息收入
借	汇兑损益
借	手续费

第五步：定义"财务费用"科目余额计算公式

财务费用余额＝利息支出－利息收入＋汇总损益＋手续费

第六步：查询栏目

（六）出纳管理（以出纳员王静（操作员 ID：902）的身份来完成操作）

重新注册，更换操作员为王静（操作员 ID：902）。

1. 现金、银行存款日记账、资金日报表的查询

操作指导：如果不能查询现金、银行存款日记账的话，首先要检查会计科目设置时是否指定了现金总账科目为"库存现金"，银行总账科目为"银行存款"。

2. 支票登记簿的查询及整理。
3. 银行对账。
（1）银行提供的 12 月的对账单信息（略）。
（2）银行对账的步骤：
①录入银行对账期初数（根据期初余额表上的"银行存款"期初数得到"银行日记账"的期初数，由"对账单"的期初数得到对账单的期初数进行填列）。
②录入银行对账单。
③自动对账。
④手工对账。

操作指导：如果企业银行日记账一笔记录与银行对账单一笔记录完全相同，则"自动对账"功能可实现勾对；如果企业银行日记账一笔记录与银行对账单多笔记录分析一致或银行对账单一笔记录与企业银行日记账多笔记录分析一致的，则只能根据分析结果"手工勾对"。

⑤查看余额调节表并核销已达账。

操作指导：如果余额调节表不平，先检查手工对账的对应关系是否正确，没有问题的话再核对对账单的录入是否正确，如果对账单的录入没有问题，再查对银行日记账，发现问题及时改正。

第九部分 期末业务处理

一、自定义转账及销售成本结转

期间损益结转之前的转账凭证都要根据手工实训部分填制的凭证进行录入。录入过程中要根据系统的提示录入完整的辅助信息。

本部分工作由制单人员王霏（操作员ID：903）完成。

凭证录入完成之后要更换操作员刘鑫（操作员ID：904）或李华（操作员ID：901）进行审核记账。然后才能进行期末自动转账。

一些可以从账中取数的业务则可以使用软件提供的期末转账凭证定义功能来完成操作。

操作指导：

1. 固定资产折旧的计提、制造费用的分配、坏账准备的计提、无形资产的摊销、提取公积金、计算应付利润等也可以通过软件提供的自定义转账凭证功能来完成。

例：无形资产直线法摊销可参考以下方法定义：

借：管理费用等（无形资产成本/受益期）

　　贷：无形资产摊销（取借贷平衡差额）

2. 如果使用月末一次加权平均法，已售商品成本的结转也可由系统通过"结转已售商品成本"功能自动完成。使用此功能必须确保"库存商品"、"主营业务收入"、"主营业务成本"科目辅助项定义相同。

本实训启用了固定资产系统，折旧的计提可以由固定资产系统自动完成；同时启用了购销存管理系统，存货发出采用的是先进先出法，所以录入销售发票并生成出库单之后，可以在核算系统中生成销售成本结转凭证。

操作指导： 使用软件提供的自动转账功能应注意：

在此之前所有凭证已记账；

注意结转的程序（即生成一笔，审核记账一笔，依次进行）；

每月每张凭证只能生成一次。

> **操作指导**：自动转账凭证生成后无法保存的可能原因主要有四个：一是凭证类别有误；二是凭证中借贷方科目和金额不全，一般出现在自定义转账凭证中，用户在定义金额公式时，可能未注意转账分录借贷方向的调整；三是制单时间不序时，期末转账凭证的制单时间一般应在月末，若以月中时间登录系统，生成的转账凭证时会出现制单不序时错误；四是凭证中有涉及辅助核算的科目，但在定义金额公式时未定义辅助项内容。其中以上第一、三和四种情况出现时，均可以在自动转账凭证中直接修改后即可保存凭证，而第二种情况需要放弃当前转账凭证，返回【转账定义】功能中修改金额公式中的错误再重新生成自动转账凭证。

二、期间损益的结转

（一）期间损益结转凭证的定义（以账套主管李华（操作员 ID：901）或制单员王霏（操作员 ID：903）的身份来完成操作）

选中"总账"——"期末"——"转账定义"——"期间损益"，"打开期间损益结转设置"界面，设置凭证类别及"本年利润"科目的编码"4103"。

（二）期间损益结转凭证的生成（以制单员王霏（操作员 ID：903）的身份来完成操作）

选中"总账"——"期末"——"转账生成"——"期间损益结转"。

1. 收入类科目的结转

选中期间损益结转界面的"收入"类科目进行结转，生成一张转账凭证。

2. 支出类科目的结转（不包括所得税费用）

选中期间损益结转界面的"支出"类科目进行结转，生成一张转账凭证。

3. 对这两张凭证进行审核记账处理。

> **操作指导**：期间损益结转也可以只做一张凭证，把收入类与支出类放在一起生成一张凭证。

（4）计算所得税费用。

第一步：用"企业所得税费用计算表"中计算得出的所得税数据填制一张记账凭证（操作员王霏（操作员 ID：903））

借：所得税费用

　　贷：应交税费——应交所得税

第二步：审核本张凭证并记账（操作员——李华、刘鑫）

> **操作指导：**
> 所得税费用的计算也可通过自定义转账凭证来完成。
> 例：期间损益生成一张凭证，审核记账之后，计算所得税凭证的可参考以下方法定义：
> 借：所得税费用（本年利润贷方发生额或余额×所得税税率）
> 　　贷：应交税费——应交所得税

（5）结转所得税费用。

第一步：选中期间损益结转界面的"所得税费用"科目进行结转，生成一张转账凭证。（操作员王霏（操作员ID：903））

第二步：对这张凭证进行审核记账处理（操作员：李华、刘鑫）。

> **知识链接**
>
> 自动转账分录一般分为两类：第一类为独立转账分录，其金额大小与本月发生的任何经济业务无关；第二类为相关转账分录，其金额大小与本月发生的经济业务有关。
>
> 独立转账分录可以在任何时候生成转账凭证。而相关转账分录相互之间有关联，或与本月其他经济业务有一定的联系，必须在全部相关经济业务入账之后方可生成转账凭证，并且应按照因果关系，按合理次序逐一生成凭证。即在某些转账凭证已经记账前提下，另一些转账凭证才能生成，否则分录中的金额将出现差错。一般情况下，应首先生成和处理由其他子系统（如工资、固定资产等）转入总账系统的凭证，然后再生成和处理总账系统中除期间损益以外的其他自动转账凭证，最后生成和处理期间损益结转凭证。

三、本年利润转入利润分配（对应结转）

可以运用"对应结转"命令完成操作。

> **操作指导：**
> 第一步：定义对应结转摘要及转出科目（本年利润）；
> 第二步：定义转入科目（利润分配——未分配利润）；
> 第三步：生成凭证；
> 第四步：审核该凭证并记账。

注：提取公积金、公益金、计算应付利润及利润分配的结转都可通过自定义转账凭证生成相应的凭证。

四、期末对账、结账

（一）购销存系统月末结账

1. 确保入库单记账并生成凭证。
2. 确保出库单记账并生成凭证。
3. 月末生产成本处理并生成凭证。
4. 采购系统期末结账。
5. 销售系统期末结账。
6. 库存系统期末结账。

（二）固定资产系统月末结账

（三）总账系统月末结账

1. 对账。

> **知识链接**
>
> 对账是将各类账簿的数据进行核对，以检查记账是否正确，以及账簿是否平衡。对账的内容主要是通过核对总账与明细、总账与日记账、总账与辅助账数据来完成账账核对。
>
> 利用会计电算化软件进行会计业务处理，一般只要记账凭证录入正确，计算机自动记账后，各种账簿的数据应当是正确且自动保持平衡的，但由于非法操作、计算机病毒以及其他原因，有时可能会造成某些数据被破坏，因而引起账账不符。所以，在期末结账前，至少使用一次试算平衡和对账功能，以保证账证相符、账账相符。对账时间应在月末前，一个月内可执行多次。

2. 试算平衡。

期末对账不仅可以对本期的会计处理进行检查，其试算的数据还是检查资产负债表期末数的依据。

3. 结账。确保本月的工作已经完成并对账正确之后即可进行结账。

知识链接

系统对结账工作有特别要求：
- 结账只能每月进行一次；
- 上月未结账，则本月不能记账，但可以填制凭证和审核凭证；
- 上月未结账，则本月不能结账；
- 本月还有未记账凭证时，则本月不能结账；
- 若总账与明细账对账不符，则不能结账；
- 已结账的月份不能再填制凭证；
- 结账只能由有结账权的操作人员进行操作；
- 结账处理只能按月序时结账，不能跳月结账。

为确保会计数据的安全和完整，在结账前，必须对账套数据进行备份。

操作指导：系统在进行月末结账后，若需取消结账，使系统恢复到未结账前的状态，则需通过系统提供的"取消结账"功能来实现。

进入结账功能→选择需取消结账月份→同时按下＜Ctrl＞＋＜Shift＞＋＜F6＞组合键→成功取消结账。

知识链接

在月末结账前，一般三类账户不能有余额：

一是损益类账户。损益类账户有期末余额，将导致本期编制的资产负债表无法满足"资产＝负债＋所有者权益"这一会计恒等式，原因是损益类账户余额不是资产负债表项目包含的内容，只有将损益类账户余额转入"本年利润"这一所有者权益账户中，才能将本期净损益包含在资产负债表的"未分配利润"项目中。

二是"制造费用"账户。因为这个科目不属于资产负债表项目，若不将其余额分配转入属于"存货"项目的"生产成本"账户，使该账户余额为零，最终将导致资产负债表不平衡。

三是"本年利润"账户。这个账户在1—11月的余额表示本年累计净利润或累计净亏损，但在年末应将其余额转入"利润分配——未分配利润"账户，结转后该账户无余额。

第十部分　会计报表生成

本部分以用友畅捷通 T3 系列管理软件为例，由账套主管启用用友畅捷通 T3 系列管理软件，进入 111 账套，运行财务报表子系统。

（一）格式状态和数据状态

财务报表子系统将报表制作分成两个部分，分别为报表格式及公式设计和报表数据处理。报表格式及公式设计在格式状态下进行，报表数据处理在数据状态下进行。

1. 格式状态

格式状态可进行有关格式设计的操作，如定义报表的单元公式（计算公式）、审核公式及舍位平衡公式、标尺寸、行高、列宽、单元属性、单元风格、组合单元、关键字等。在格式状态下有关报表的数据全部隐藏。

2. 数据状态

数据状态下管理报表的数据，如数据输入、增加或删除表页、审核、舍位平衡、制作图形、汇总、合并报表等。在数据状态下不能修改报表的格式，所显示的是报表的全部内容，包括格式和数据。

报表工作区的左下角有一个【格式/数据】按钮。单击这个按钮可以在"格式状态"和"数据状态"之间转换。

（二）账务取数函数

账务取数函数是会计报表数据的主要来源，实现了财务报表子系统和总账及其他管理系统之间的数据传递。

账务取数函数的基本公式为函数名（"科目编码"，会计期间，"方向"，"账套号"，"会计年度"，"编码 1"，"编码 2"）。

科目编码是会计科目的代码，也可以是科目名称，必须用双引号括起来。

会计期间可以是"年""季""月"等变量，也可以是表示年、季、月的具体数字。

方向即"借"或"贷"，可以省略。

账套号为数字，缺省时默认为第一套账。

会计年度即数据取数的年度，可以省略。

一、自定义报表生成企业所得税费用计算表

本业务在总账系统的期间损益结转之前进行，可以和期间损益结转部分自动生成的凭证相互核对。

1. 新建报表。
2. 以表10-1所提供的企业所得税费用计算表为依据完成报表基本格式定义。

表10-1　　　　　　　　　　企业所得税费用计算表

2020年12月31日　　　　　　　　　　　　　　　　　　单位：元

项　目	行　数	本月数	本年数
一、营业收入	1		
减：营业成本	4		
税金及附加	5		
销售费用	10		
管理费用	11		
财务费用	14		
资产减值损失	15		
加：投资净收益	16		
信用减值损失	17		
资产处置收益	18		
二、营业利润（亏损以"-"号填列）	19		
加：营业外收入	20		
减：营业外支出	23		
三、利润总额	25		
加：纳税调整增加额：			
①罚款	26		
②坏账准备调整	27		
③公益性捐赠支出（超支部分）	28		
④业务招待费（超支部分）	29		
减：纳税调整减少额：			
①投资收益	30		
四、应纳税所得额	36		
适用税率（25%）	37		
五、应纳所得税额	38		
减：1-11月累计已交	39		
六、年末应补交	40		

3. 采用账务函数取数的方法完成表中除计算项外的公式定义；
4. 采用单元格自身加减的方法完成各计算项公式的定义；
5. 录入关键字生成报表，并与手工计算表进行核对；

操作指导： 本报表的关键字有：年、月、日，如果没有定义关键字，将无从取数。关键字录入正确仍不能正常取数的，首先检查初始数据里的账套号是否正确，其次检查取数公式是否正确，检查修改之后再进行表页数据重算。

6. 保存报表数据。

二、套用报表模板生成资产负债表（总账系统期末处理完成之后进行）

1. 新建一张空白报表；

2. 在"格式"状态下，执行"格式"－报表模板命令，打开"报表模板"对话框，您所在的行业选择"一般企业（2007年新会计准则）"，财务报表选择"资产负债表"，单击"确定"按钮，弹出"模板格式将覆盖本表格式！是否继续？"信息提示。单击"确定"按钮，即可打开"资产负债表"模板。

3. 在数据状态下，执行"数据"－"关键字"－"录入"命令，打开"录入关键字"对话框，输入关键字：单位名称："中原纺织机械有限公司"，年："2020"，月："12"，日："31"，单击"确定"按钮，弹出"是否重算第1页？"信息提示，单击"是"按钮，系统会自动根据单元公式计算12月份数据；

操作指导： 如果资产负债表期初数与总账系统期初试算数不一致，或资产负债表期末数与总账系统期末对账试算数不一致，再或资产负债表不平，首先要检查资产负债表各项目与总账系统的科目对应关系是否正确，然后对取数公式进行核对并调整。

4. 保存本企业12月份的资产负债表数据。

三、套用报表模板生成利润表（总账系统期末处理完成之后进行）

1. 新建一张空白报表；

2. 在"格式"状态下，执行"格式"－报表模板命令，打开"报表模板"对话框，您所在的行业选择"一般企业（2007年新会计准则）"，财务报表选择"利润表"，单击"确定"按钮，弹出"模板格式将覆盖本表格式！是否继续？"信息提示。单击"确定"按钮，即可打开"利润表"模板。

3. 在数据状态下，执行"数据"－"关键字"－"录入"命令，打开"录入关键字"对话框，输入关键字：单位名称："中原纺织机械有限公司"，年："2020"，月："12"，日："31"，单击"确定"按钮，弹出"是否重算第1页？"信息提示，单击"是"按钮，系统会自动根据单元公式计算12月份数据；

4. 保存本企业 12 月份的利润表数据。

> **知识链接**
>
> 在编制利润表时，报表中存在某些"本期金额"与相应损益类账户实际发生额不一致的问题：在编制利润表时，当本期发生需冲减损益类账户发生额的业务，如销货退回冲减主营业务收入，收到利息收入冲减财务费用，会出现报表中各项目"本期金额"与对应损益类账户的实际发生额无法取得一致的情况。
>
> 以本实训企业收到利息收入 1618.64 元为例，此时企业需借记"银行存款"，贷记"财务费用"，但在利润表中因为"财务费用"项目的本期金额的取数公式为：FS（"6603"，月，借），这一公式只能取出"财务费用"账户本期借方发生额，而无法自动减去该账户相反方向的冲减额 1 100 元，导致利润表中对应项目的本期金额不能反映"财务费用"因收到利息收入而被冲减之后的实际发生额。
>
> 解决这一问题的方法之一是，将涉及冲减损益类账户的业务填制成红字凭证，即作如下变化：
>
> 借：银行存款　1618.64　　　　　　　借：银行存款　1618.64
> 　　贷：财务费用　1618.64　　　　　　　　贷：财务费用　1618.64
>
> 这样，被冲减的"财务费用"将从借方金额中减去，利润表中的金额与"财务费用"的实际发生额完全一致。可见，当涉及冲减损益类账户的业务时，只需将对应凭证填制为红字凭证即可。
>
> 解决这一问题的方法之二是，以期间损益采用账结法及各期末没有余额为前提，将取数公式定义为：QM（"6603"，月，"y"，)，该公式将直接从账中取出财务费用科目的期末借方余额。

四、套用报表模板生成现金流量表（总账系统期末处理完成之后进行）

1. 新建一张空白报表；

2. 在"格式"状态下，执行"格式"－报表模板命令，打开"报表模板"对话框，您所在的行业选择"一般企业（2007 年新会计准则）"，财务报表选择"现金流量表"，单击"确定"按钮，弹出"模板格式将覆盖本表格式！是否继续？"信息提示。单击"确定"按钮，即可打开"现金流量表"模板。

3. 在数据状态下，执行"数据"－"关键字"－"录入"命令，打开"录入关键字"对话框，输入关键字：单位名称："中原纺织机械有限公司"，年："2020"，月："12"，日："31"，单击"确定"按钮，弹出"是否重算第 1 页？"信息提示，单击"是"按钮，系统会自动根据单元公式计算 12 月份数据；

4. 保存本企业 12 月份的现金流量表数据。

其他报表的定义与生成方法与上面表格相似。